夢境，潛意識想告訴你的事

What Your Dreams tell You

夢見打鼾代表什麼？

夢見織毛衣代表什麼？

夢見流淚代表什麼？

i-smart

智學堂
智慧是學習的殿堂

國家圖書館出版品預行編目資料

夢境，潛意識想告訴你的事 / 李長博編著.
-- 初版.-- 新北市：智學堂文化，
民103.10　面；　公分. -- (不求人系列；13)
ISBN 978-986-5819-50-7(平裝)
1.夢　2.解夢
175.1　　　　　　　　103016971

不求人系列：13

夢境，潛意識想告訴你的事

編　　著 ─ 李長博
出 版 者 ─ 智學堂文化事業有限公司
執行編輯 ─ 林于婷
美術編輯 ─ 蕭佩玲
地　　址 ─ 22103　新北市汐止區大同路三段一百九十四號九樓之一
　　　　　　TEL　（02）8647-3663
　　　　　　FAX　（02）8647-3660

總 經 銷 ─ 永續圖書有限公司
劃撥帳號 ─ 18669219
出 版 日 ─ 2014年10月

法律顧問 ─ 方圓法律事務所　凃成樞律師
CVS 代理 ─ 美璟文化有限公司
　　　　　　TEL　（02）27239968
　　　　　　FAX　（02）27239668

夢境，潛意識
想告訴你的事
What Your Dreams tell You

Chapter 1
夢的影響力

Chapter 2
如何才能掌控夢境

夢境，潛意識
想告訴你的事
What Your Dreams tell You

Chapter 3
解夢的意義

Chapter 4
解析關於日常行為的夢境

夢的影響力

What Your Dreams tell You

思想意識的能動作用

　　每個人都期望自己的人生能夠活得精彩，希望自己的經歷能夠轟轟烈烈，然而絕大多數人的一生都是在平凡之中度過，有的人甚至一生悲慘。這其中緣由究竟為何？其實每個人的生活都是可以由自己決定的，因為生活的軌跡可以由思想和實踐的力量來改變。一個人有怎樣的思想，再加上這個人的堅持與努力，那麼他所憧憬的生活就有可能得到實現。在最初 有著相同理想與目標的人們之所以最終的生活方式截然不同，就是因為他們的思想千差萬別，他們的實踐方式也隨之各不相同。

　　性格決定命運，而思想正是性格的重要支撐。同樣，有什麼樣的思想就會有什麼樣的行為方式，命運的軌跡便由此而印刻下來。人生的成敗與否就是在思想的運作下漸漸顯現的。

　　我們可以觀察自己周圍的人們，觀察那些事業有所成

就的人和一事無成的人，看看這兩種人究竟有著多大程度
上的不同。我們會發現，這兩種人給我們的感覺首先就是
氣質上的巨大落差，前者舉手投足都盡顯了性格中的風采
與魅力，而後者永遠都是一副頹廢之象。再看他們的舉
止、言行和眼神，事業有成的人往往舉止優雅，言行謹
慎，而且眼神堅定，處處流露著自信；而一事無成的人則
會逃避他人的注視，不敢面對人生。

其實造就這兩種不同類型人的因素就是思想和意識，
因為我們的行為都是靠思想意識來指導，我們所走過的人
生也就是思想意識的沉積物。一個用心經營自己人生的
人，一定是一位有思想、有遠見的聰明人，他有著樂觀的
心態和進取的精神，他有著極強的責任感與抱負心，他懂
得怎樣與人相處，怎樣獲得成功，說到底，他懂得如何把
握自己的命運。

人的心靈所激發的巨大能力是我們無法感知到的，然
而只要我們能夠很好地運用這種能量，那麼我們的人生一
定會活得精彩，活得灑脫。

積極的思想會讓一個人的生活軌跡越來越走向美好，

而消極的思想意識則會走向相反的道路。很多人因為不滿意自己的相貌而去做整形手術，然而那些真正有思想有內涵的人卻不會去為了這些外在的東西改變自己的形象，因為思想的力量遠遠大於外在美。這就涉及到一個人如何看待自己的問題。

事實上，很多相貌不如意的人在整容之後仍然沒有獲得之前想要擁有的自信，這就是因為他們內心中的自我形象並沒有因為整容而發生改變，也就是說，他們從心底裡沒有樹立自信心。畢竟一個人的自信不是單靠美麗的光鮮的外表建立的，而是要靠內在的涵養來塑造。所以，我們應該靠透過提高自身的修養與素質來樹立自信的形象，而不是靠整容來獲得自信。

思想的動力是很多人都具備的，然而有思想的人並非都能很好地把握自己的命運，因為每個人的實踐和行動能力各不相同，因此，命運的最終軌跡也大相徑庭。這個事實告訴我們，前進的道路上難免跌跌撞撞，但是在任何時候我們都不應該退縮，更不能夠放棄自己的理想和目標。愛因斯坦就說過：「成功就是一分天才加上九十九分汗

水。」可見，沒有哪個天才是不付出努力就能成功的。

　　思想意識與實踐行動在實現成功的路上扮演了兩個舞臺上的主角，那麼潛意識這個巨大能量又處於什麼位置呢？它當然不會是舞臺的嶄露頭角的名人，它只是默默地躲在台後，但是卻仍然發揮著積極作用的、不可或缺的想像力。任何有創造性見解和行動的人都是因為他們的想像力高人一籌，最後取得了輝煌的成就。想像的途徑有很多種，我們在睡覺之前就可以想像著一些事情，伴著這樣的想像入睡，那麼我們就很有可能在夢中獲得更大的收穫。

　　這裡有一個很好的方式值得一試：那就是在臨近睡覺的前半個小時內開始想像，那麼等到你入睡之後，你的思維就會繼續沿著你剛剛的方向進行運轉，而且這個運轉是自由而且輕鬆的。例如，一個中學生第二天就要考試了，他在前一日晚上睡前就一直在想自己究竟能考多少分。伴著這個想法他很快就進入了夢鄉，結果他夢到自己第二天忘記帶准考證就去了學校。第二天醒來後他清晰地記得昨夜的夢境，於是他很自覺地把准考證事先放在書包中。一切就序後就向學校出發了。這個例子可見由潛意識所孕育

的夢對我們是多麼有價值和值得借鑒啊！

　　總之，在人的一生中，思想、行動和潛意識這三方面的因素對於一個人的成功有著很大的推動作用。一個人，只有他把這三方面的優勢都積極地運用和把握的時候，他才能取得最終的成功。倘若是缺了其中任何一個環節，那麼他的成就都要遠遠落下。所以在我們每個人的奮鬥過程中，不僅要加強自身的文化素養，也就是強化自己的思想，而且還要努力地在社會中鍛鍊自己，加強自身的行動力，鍛鍊膽魄與勇氣。除此之外，我們還應該培養想像力，讓潛意識盡情地發揮它的作用。

正確識夢是獲得幸福的途徑

　　夢的積極作用有很多，它除了能夠促進我們的身心健康之外，還能夠改變我們對世事的看法，進而更加樂觀地生活。人們之所以能夠在夢的世界裡感受更多在現實生活中體驗不到的事物，就是因為夢境是我們潛意識的再現，而這種潛在的能量對於意識是有著很強的指導作用的。潛意識對於意識的指導作用往往可以歸結為幾個方面：

　　首先，潛意識能夠貯藏大量意識所包攬不到的事物。因為當我們關注一個人的言行舉止時，意識能夠記錄下來的往往只是這個人聲音、內容或是行為等比較表層和抽象的東西，而潛意識則能夠對這個人的任何細微方面都全面地進行記錄。

　　其次，潛意識能夠揭發人性的最隱蔽之處。我們的耳朵和肉眼所聽到和看到的事物不過是人們偽裝過了的東西，而人們潛藏於五花八門的裝扮之下的真實脾性和意圖卻只

17

有潛意識能夠洞察。人畢竟不同於動物，動物的欲望無需偽裝，而人的貪欲卻往往要用美麗的外表來加以掩飾。但是無論如何遮蔽，人們內心深處的聲音往往會在夢中被潛意識毫不留情地揭露出來。例如明明是憎恨一個人，卻因為他是上級而拼命討好，為的就是能夠在仕途中順利攀爬。然而等到夜深人靜的時候，自己內心的恨意則會在夢中迸發出來。

最後，潛意識能夠將一個人的雜念除去，剩下來的才是這個人真正需要的東西。現代社會中物欲橫流，人們被充斥著物質的世界迷得暈頭轉向，甚至迷失了自我，感到困惑和茫然，所追求的事物也許並不是自身真正的需求。所以，潛意識能夠幫助我們認清自己，能夠讓我們更好地把握人生，更好地工作和生活。以上三點就是潛意識的巨大能量。懂得利用這種能量的人往往能夠更加清楚地分析世界與自我，就能夠少走彎路，感受幸福。那麼，這些幸福又具體表現在哪些方面呢？讓我們接著進行分析：

一、識夢可以解惑

在實際生活中，有很多人會莫名其妙地感到煩躁和疲

累，卻找不到原因。確實有很多原因單靠意識是發掘不出來的，在這種情況下唯有潛意識才能幫助我們瞭解問題，並加以解決。下面的例子就可以證明潛意識的這種作用：

一個成績很好的學生經常會夢到自己在高處徘徊，情境十分危險，這種夢也讓他產生了焦慮。其實揭開這個夢很容易，那就是他對自己「好學生」位置的看重，害怕別人的成績追趕上他，因此才焦躁不安，擔心自己會從高處掉落。要讓他將這種顧慮消解很容易，家長和老師可以告訴他自信的重要意義，因為如果他始終過於在意他人的眼光的話，那麼他的自信感往往無法培養健全。因此，我們做任何事情只要自己盡力了，那就可以問心無愧。

二、透過識夢來選擇適合自己的道路

我們的人生其實是我們自己選擇出來的，一次次的選擇就像是一個個原點一樣，最終連結成線，而這條線正是我們自己走出來的人生軌跡。有選擇固然是好事，然而當選擇擺在面前，我們卻不知何去何從的時候，也非常令人頭疼。畢竟我們只是普通人，不能預知未來，更不知道哪條一路才是正確的。但是能否預知未來並不是重要的，因

為只要我們選擇適合自己的路途，那麼我們就是幸運的，更是幸福的。因此，當我們面臨多重選擇時，一定要聽從自己內心的聲音，選擇那條最適合自己的道路。

例如一個高三的男生在填報大學志願時就感到憂慮，因為他不知道自己該選擇哪一個科系。也就是這段時間，他在夢中見到莎士比亞，甚至還和莎士比亞進行了對話！原來，這個男孩的父母為了他將來大學畢業後好找工作，強迫他要選擇理工科系；而他自己卻是從小鍾愛文學，非常希望能夠在文學的海洋中遨遊，能夠與大師對話。所以他在難以抉擇的日子裡才會夢到自己與莎士比亞的親密接觸，這其實也是他內心最真實的想法。所以，當潛意識在夢中暴露了真實想法，我們不應該感到恐慌，而是要正確地進行衡量，重新對眼前的事物或是選擇進行辨別。

我們還可以列舉一個關於擇偶的夢例。

一位年輕美麗的女大學生王慧在校的時候，就和自己的同窗李振宇確定了戀愛關係，他們一見傾心，大學生活的四年更加增進了彼此之間的感情。然而臨近畢業時，兩人的感情卻發生了問題。原因是王慧已經找到了工作，而

且是世界五百強的大企業，前途無量；但是她的男朋友卻遲遲沒有著落。就在這時，另一位小有成就的男士出現在王慧身邊，對她發起了強勢的追求。王慧動搖了。

面對這樣的困境，她時常會在夢中驚醒。原來是她夢見自己住在豪華的宮殿中，衣食無憂，然而她在華麗的宮殿中卻找不到任何人，孤苦清冷。後來王慧尋求了心理專家的幫助，專家也為她解開了謎團。她愛的人始終是李振宇，夢中的宮殿代表了那位小有成就的男士，但是精神上的貧乏遠遠比物質的暫時短缺更加可怕。

陸女士是某大學的大四學生，臨近畢業時她也像其他同學一樣在積極忙碌地為自己找出路。由於在校各方面成績都很優秀，能力也相當突出，所以她很順利地被某會計師事務所收在旗下了，並與之簽訂了就業協議，工資大約五千人民幣左右。但是沒過多久，又有一家香港的大銀行想要陸女士，工資大概是一萬人民幣左右，陸女士的心開始動搖，她不知道自己究竟該何去何從。

就在那幾天，某夜她夢到自己已經工作了很多年，好像是給一家商店做出納，沒想到有一天居然把帳搞錯了，

結果她被老闆炒魷魚。醒來後陸女士仔細分析了這個夢，其實她本來就不擅長會計工作，她天性好動，而會計師都是需要沉穩的人來擔當的。終於，她決定要解除與會計師事務所的合約，轉而投向銀行的懷抱。這樣一來，她既能夠發揮自己的優勢，工資又比以前所簽的合約高了一倍。

從以上幾個夢例我們都可以看出潛意識的能量，它對於我們人生道路上的抉擇有著非常大的幫助作用。

三、識夢可以促進性格良性發展

性格的形成發展與許多因素有關，然而夢對性格的生成作用卻不為許多人所知。我們在生活中常常會聽別人講他們夢到了些什麼，從這些夢的內容中我們會發現，相同性質或是類似的夢通常會出現在性格相近的人身上。所以說，夢的內容與人的性格也息息相關，而且透過對夢的分析，我們也能夠讓自己的性格向更加健康的方面發展。

很多大學生或是文化程度較高的人都會經常夢到「逃跑」之類的夢，他們或者是夢到了自己被別人追趕，或者是夢到了自己不停奔跑，恐慌的感覺始終在夢中逼迫著他們向前跑。這是為什麼？這種「逃跑」又代表了什麼？心

理專家告訴我們，「逃跑」其實是逃避現實的象徵，因為文化水準較高的人或知識份子，往往都是眼高手低，喜歡將自己放置於幻境之中，沉迷於不切實際的東西，耽於幻想，而不付諸行動。所以，這些人如果意識到了這一點，就應該改掉自己性格中的缺陷，這樣才能更好地發展。

另外，開朗活潑的人的夢境通常是彩色的，而性格孤僻的人的夢境有可能就是黑白的。對於前一種人，他們雖然對生活樂觀、積極向上，然而有時候卻會過於自信和高傲，也會因此造成工作上的疏忽和失誤。所以他們應該加強培養自己的謹慎性，對待任何事情都要專心和認真。而後一種人，他們雖然性格比較內向孤僻，但是這種性格卻能夠給他們帶來優勢，因為缺乏自信的心理會讓他們更加認真地對待工作與學習，不斷完善自己。然而這種性格的缺陷也很明顯，那就是由於不自信而害怕接受挑戰，怯於接受新的事物。所以說，性格孤僻的人就應該認識到自己的不足，培養勇氣，敢於開拓，只有這樣才會取得更好的成績。除此之外，性格孤僻的人還應該多多與他人交流，建立彼此之間的信任感，走向更加廣闊的空間，擴大自己

的心胸和視野。

　　另外，如果一個人經常在夢中與他人爭鬥或是被他人追殺，甚至是夢到鬼，這就很可能說明這個人的性格比較執拗。因為執拗，所以不肯妥協。這類人的性格中矛盾因素非常強烈，因此夢境一般比較灰暗陰冷。對這些人的建議是：學會站在他人的角度看問題，因為每個人都有自尊心，我們應該學會尊重他人，對他人負責，同時也對自己負責。灰色的夢境多種多樣，如果夢到自己被世人拋棄，亦或是自己獨自走在荒蕪的地方，那就可能說明做夢的人性格沉鬱悲觀。所以這些人應該儘量地看到事物的積極方面，儘量樹立自己的自信心，凡事注重過程，不應過多關注結果的成敗。

　　很多人都認為夢是反的，夢境中的歡樂很有可能代表現實中的失意，而夢中的陰鬱卻可以表示現實中的快活。這種說法其實也不無道理。例如有些人會在夢中見到一個與現實生活中的性格截然相反的自己，這種夢可以從兩個方面進行解釋。一種可能性是這個人在實際生活中偽裝了自己，隱藏了自己的真實性格，而夢中的性格才是真實的

自己。比如一個女性在他人面前表現的十分強悍幹練，別人都稱她為「女強人」，然而她卻隻身在夢中哭泣，感到孤苦無助。這就說明這位女性其實性格中脆弱的因素占了很大的部分，只是她在自己的生活中刻意地將其掩飾。

　　另一種可能就是，現實生活中的自己確實是真實的自己，但是自己的性格已經太過於偏執，夢的作用就在於提醒夢者，讓性格良性發展。對於前一種可能性的人，他們應該學會輕鬆地面對生活，不必要把自己弄的緊張兮兮，因為生活本無意使人疲累。如果能夠很豁達地對待人生，那麼生活自然會充滿樂趣。而對於後一種可能性的人，他們就應該去掉性格中過分了的那一部分，過於勇猛的人應該學會小心謹慎，而過於膽怯的人則要勇於開拓，大步向前。

　　冰凍三尺非一日之寒，性格的塑造也絕非易事。夢境固然對於性格的改良有著指導與提示作用，但是我們切勿急於求成，急功近利。因此，對於性格中的缺陷，我們應該持有長期堅持改善的態度與恆心。只有這樣，性格的良性發展才能得以實現。

四、噩夢後的寧靜

我們先看這樣一個例子：一個女孩子某一天居然夢到了自己的母親將其殺害，她醒來後感到萬分恐懼，不明白自己為何會做這樣的夢。後來她去請心理醫生為她解謎，心理醫生滿臉笑容地告訴她不要擔心，因為她母親所「殺害」的並不是她，而是她身上的缺點。原來女孩子最近與母親發生了爭執，這爭執歸根結底是自己的偏執造成的，所以夢境告訴她：自己已經意識到了性格中的缺陷。瞭解了夢的寓意後，女孩子很快走到母親的身旁並且向母親表示了自己的歉意。之後她們母女的關係一直都很融洽。

潛意識的確可以發現意識所留意不到的事物，例如上面例子中，女孩在白日根本沒有意識到自身的錯誤，而她的潛意識卻在夜晚將這種缺陷揭發出來給她看。潛意識就是透過夢的途徑來讓夢者意識到現實中人際關係的問題，從而進而能夠在後來及時糾正，促進與他人的進一步交往，改善與他人的關係。

夢見親人將自己殺害或是夢到親人死去，這種夢固然可怕，然而它的現實寓意並非不是好事。就像很多人都有

過「鬼壓身」的經歷一樣，當我們不瞭解其中緣由時往往會疑神疑鬼，以為真的是鬼魂侵襲自己，但是當我們聽到了科學解釋，才知道這原來是由於疲累造成的。下面就看這樣一個例子：

　　陳搖是一所大學的高材生，她和妹妹都是家裡的驕傲，兩人的感情十分親密和諧。有一日陳搖做了一個非常可怕的夢：她夢到自己和妹妹一起沿著一條污濁的河邊走，走著走著突然妹妹掉進了河裡，陳搖慌了，以為妹妹就這麼離她而去，之後她便被這個噩夢驚醒了。醒來後發現自己眼角還有淚水。陳搖對這個夢一直感到疑惑不解，而且還擔心妹妹會有什麼不好的事情發生，於是她就去找了心理醫生解答。經過醫生對兩姐妹性格一番瞭解和分析後，醫生告訴她：陳搖的性格矛盾感很強，一方面很獨立，另一方面依賴性又很強。獨立的方面表現在她與外人的交往以及工作學習中，而依賴的一方面則表現在她對家人的眷戀上。而這個夢中，陳搖的妹妹就是陳華的依靠，妹妹突然掉進河裡則代表了依靠的消失。也就是說陳搖的性格需要有所突破，這對陳搖來說未必不是一件好事，因為依賴性

太過強烈對她今後人生的發展有不利的地方。而且既然做了這樣的夢，那麼就說明陳搖自己也意識到了自己性格中的缺陷，她也會在日後的生活中努力地加以改進。

就像人害怕鬼神一樣，我們之所以對夢魘感到恐懼，是因為我們不能夠科學地解釋它，一旦做了科學的解釋，我們不僅可以釋懷，而且還會有意想不到的收穫。夢境通常都是極其抽象的，它的象徵性非常強，一個好的寓意或許透過噩夢的方式表達出來，這也是不足為奇的。

五、治療心理疾病

隨著社會物質財富的不斷豐富，人們的精神世界卻變得越來越空虛，不少人都有或多或少的心理問題，而要治療這些心理疾病，對夢境的分析是十分必要的。

張醫生是一位非常有經驗的心理諮詢專家，在他那裡有著大量的案例來證明夢對心理治療的巨大幫助作用。他在翻閱了一些病例之後找出了一個具有代表性的例子來作為範例：

有一天他的診療室進來了一位長相清秀的女孩子，不到三十歲的樣子，張醫生第一眼看到她的時候就覺得她狀

態十分不好，面色慘白，看不出一絲年輕人的活力。這位女孩子姓林，她最近總是心神不寧，而且白天經常嘔吐，甚至還暈倒過幾次，到醫院檢查都沒有什麼問題，所以才來看心理醫生。女孩子把病情敘述給張醫生後，張醫生便針對性地想要瞭解她的故事。但是女孩子剛開始並不十分情願講述她的故事，於是張醫生就讓女孩子講講她印象比較深刻的夢境。

林小姐在回想之後講述了下面這個夢例：

就在一週前，她夢到了自己回到了小時候，她和一群男孩子一塊兒到郊外的土地裡偷拔玉米。就在已經摘了差不多兩籃子的時候，土地的主人發現了他們，這時候那群男孩子轉身就跑，而林小姐則無法脫身，因為她發現男孩子們摘下的玉米全部都纏在她的身上，而且散發著血腥的味道。

聽了女孩子的講述之後，張醫生繼續開導她，終於林小姐將自己內心的隱密傾吐了出來：原來她在半年前跟一個已婚的男子有了性關係，而且她也懷上了那個男人的孩子。本來答應她要離婚的那位男士在聽到她懷孕的消息之

後卻毫不留情地將她拋棄。孤身一人的林小姐只好到醫院把孩子打掉。之後的時間裡，林小姐都一直生活在陰霾之中。

聽到這裡，張醫生已經十有八九地解開了女孩子的心結。他說：這個夢的象徵意義十分強，女孩子身上的玉米其實就代表她打掉的那個孩子，因為孩子死了，所以玉米散發出了血腥味。而逃跑的那群男孩子就象徵著狠心拋棄她的那位男子。而林小姐之所以白日裡會經常嘔吐就是因為夢中散發著血腥氣息的玉米造成的。林小姐的病因就是因為她覺得自己的事情很遭人唾棄，不可告人，所以才自鬱成疾。

在經過張醫生的一番心理開導之後，林小姐似乎有了面對現實的勇氣。

如何從夢中獲取靈感

　　科學家有時連做夢的時候都在搞發明創造，這聽起來有點匪夷所思，但是我們不乏這方面的成功的例子，正因為夢才使許多世界性的科學難題得到解決。

　　美國工程師依萊亞思‧郝受夢的啟發，發明了我們現在都在使用的縫紉機，馳名中外。他的想法就是用機器代替手工來製作衣服，但是在試驗的過程中，他遇到了一個難題那就是，縫衣服的針總是掉線，試驗就此一直中斷。有一天，他做了一個這樣的夢：

　　他被一些非洲土著不知道什麼原因捆在一個樹樁上，他們好像在舉行什麼儀式，他們時而唱歌時而跳舞，還用矛尖指著他的身體，他看見矛尖上有很多小孔。當郝醒過來的時候，他把夢中的矛尖上的小孔和自己發明中遇到的斷線問題結合在一起，結果斷線的問題就迎刃而解了，原來只有把針眼的位置放在針尖上才能解決斷線的問題。這

樣縫紉機就這樣成功地誕生了。

　　著名的匈牙利作家思縈羅‧約色夫‧匹羅，因為經常創作的緣故，他時常因為鋼筆不小心會產生很多墨漬而煩惱，有一天夜裡，他做了這樣的一個夢：

　　他正專心致志地寫作，門外很吵鬧，時不時打斷他的思路，他很氣憤，便用手中的鋼筆向窗外那些人噴墨水，但吵得更厲害了。他非常生氣隨手拿起手槍就射向窗外，誰知沒有射出子彈，卻射出了墨水，人們見他這樣笑得更厲害了。匹羅實在氣不過就從桌子上拿起了一個圓珠形狀的紙塞進槍管，射向窗外喧鬧的人們，結果，流了比前兩次都少的墨水。第二天早晨一醒來他便照著圓珠的模樣畫了一根筆，圓珠筆就這樣誕生了。

　　在中國科學技術界，因為夢產生的創造發明的例子不勝枚舉，原中科院院長盧嘉錫曾經在夢裡解決了一個數學難題。郵電研究所工程師令長在研究電器測試時，遇到了電路無法通電的難題，某日夜裡，他竟然在夢裡畫出了該電器的電路圖，夢裡似乎亮了一下，電路也通了，他立即翻身下床憑著模糊的記憶把剛才的電路圖畫在了紙上，就

這樣解決了該難題。

第二次大戰期間，年輕的工程師帕金森在貝爾實驗室進行有關自動紀錄器的研究，這是一個用利用電位紀錄控制器來紀錄的設備，在進行這項發明的時候納粹已將戰火燒到了荷蘭、法國、比利時。他對有關戰爭局勢的報導，憂心忡忡，於是當天晚上，他做了一個這樣的夢：

我發現自己不知道怎麼會身在炮兵戰壕裡。戰壕裡有一組穿制服的法國或荷蘭戰士。只見一隻大炮的炮口正對我，我從來沒有那麼近距離看過高射炮，頂多對大炮有一點點理解而已。大炮打飛機的命中率很高，這些戰士們非常高興，有一個戰士向我招手示意讓我過去仔細看看他們的炮，我順著他的指的方向，朝左炮耳看下去，底下用的是我們研究出來的的電位記錄器！

於是他馬上想到：「如果電位計能夠精確控制和記錄高速動作，那麼，就可以安裝在相同設計原理的防空高射炮。」夢中，帕金森對於大炮根本可謂一竅不通，可是他卻夢到了如何有效瞄準目標的發射關鍵，就是利用計算器和雷達來確定敵機準確位置進而下達指令擊毀敵機。這就

是世界上第一個全自動高射炮導引器，它的發明完全倚賴帕金森的這個夢。

在藝術方面這樣的例子也很多，比如德國作曲家在自己的歌劇「崔斯坦與伊索德」中說：「這樣美麗的創作只有透過夢才能創作出來」。博拉木思的第一號鋼琴協奏曲誕生還歸等功於一個夢。曾創作「齊瓦格醫生愛的主題」等諸多膾炙人口的流行音樂創作人包羅‧韋斯特，他在需要創作的時候睡覺的時候還要帶上紙和筆，為了能記下夢中產生的那些靈感。

塔第尼的《魔鬼的顫音》的創作靈感同樣來自於一個夢，在夢中他的靈魂被魔鬼買走，他還把自己的小提琴也送了給魔鬼，魔鬼拿起小提琴就開始拉，他拉得是那麼地好，他嫻熟的技藝、豐富的感情完全感染了我，我被拉進了小提琴的世界。我真是太感動了，原來世界上還有這麼美妙的小提琴演奏！我完全沒了呼吸，很快我就醒了，我拿起小提琴按照我剛才聽到的拉，但是永遠沒有我在夢裡聽到的那麼好聽，雖然《魔鬼的顫音》是我最好的作品。

夢確實能給予人類有關發明創造方面的幫助，經科學

研究表面，人類之所以能從夢裡得到有關創造發明的東西其原因是人類的右腦。科學告訴我們：右腦是主體腦，它是傳遞智慧的無意識腦，是人類行動的指揮使，右腦管理著人類的創造之魂，右腦是人類創意的源泉。

但是夢與創造和發明有關的原因除了自身大腦的原因外還有以下五個方面的原因：

第一、為什麼科學家、藝術家會產生與創造和發明有關的夢呢？因為他們在各自專業的領域已經奮戰多年，他們瞭解自己所從事的事業，他們大量而豐富的研究是他們具備了做這樣的夢的必要條件，即他們太過熟悉自己的事業，這就使他們具備了生產夢所需要的「原料」。他們會在夢中把自己的感受、理解、自己看到的、聽到的反映在那個無意識的夢裡。

第二、他們思考創造、發明的時間很長了，大腦皮層已經形成了相對穩定的條件反射區域，白天有關於這方面的思考會在做夢時繼續進行，因為思緒一旦接近這個穩定的條件反射區域，它會自動運行，成為一種神奇的力量。

第三、科學家和藝術家的思維方式與普通人是不相同

的。在他們的睡夢中，大腦會對白天所研究和琢磨的各種資訊進行簡單的處理、加工，產生新的有用的資訊。這些新的有用資訊會對你所要攻克的難題產生某些作用。

第四、日常工作中科學家和藝術家會對接受的資訊進行提煉和深化。這些活動是在有意識地進行著，但在夢裡這些活動卻是無意識的操作。因為無序和沒有邏輯所以會產生很多很有建設性但缺乏常理的夢幻境況。科學家對待夢有著自己的態度，他不會一味地追隨夢，而是把夢作為超越的對象，這樣才能在創造、發明中取得成功。

第五、科學家對待夢的態度是必須經過嚴格的科學驗證和試驗。具有前瞻性的夢對發明創造提供大膽的預言。但是真偽卻需要按照科學態度去進行檢驗，只有經過檢驗的夢才是有意義的夢。但是就是因為在我們不在夢境的時候，我們往往會受到外界環境因素對我們的干擾，使得我們無法精神高度集中，會妨礙我們對資訊的理解和加工。但在睡眠中卻不同，外部環境的干擾受到一些限制，如此使得我們的精神狀態極為放鬆，某些在白天工作總無法獲得的資訊和難題卻在這個時候會清晰地表達出來。

主觀意志育夢的法則

　　夢是可遇而不可求的，因為我們不能左右自己能夢到什麼，雖然有時候夢會給我們很多啟示，特別是在藝術創作方面，一個夢可能誕生一部偉大的作品。人們常常說，日有所思，夜有所夢，這只是個概率事件，但是我們的行為會影響到夢的內容。那麼怎樣才能讓我們有可能會做到我們想要的夢呢？

　　一是反覆地重複自己的疑惑，這個重複必須是簡單明瞭，而且是一句話的多次重複，不能用很多話來表達一個意思，因為這樣留下的記憶碎片會很少。比如我們對自己的情感生活產生了疑問？那就要切中要害，就是你想要的感情生活是什麼樣子的？而不是沉浸在自己最近為什麼心情不好這種淺顯疑問？

　　二是在疑問之前，先把產生疑問的事件或者心理活動回憶一遍。感情到底出了什麼問題，怎樣出現這樣的問題

等等。

　　三是不要問得太多。科學家和藝術家的知識淵博，而且善於思考，他們接受資訊的方式和途徑使得他們對信息的理解充滿了各種不同的意念。而這種對資訊的意念在非夢境中比較中立比較中規中距，但是一旦到夢境中，他們會像就未回家的遊子一樣心馳神往的嚮往那塊夢中的天地，那塊令他心馳神往的夢鄉。

　　既然夢能有助於發明創造，夢有著其獨特的魅力，它能昭示未來，指導現在，又能為藝術家提供靈感，可見這個東西是科學家和藝術家都想追逐的東西。但這個東西不是能強求的，夢是送給有緣人的。但是我們也不要把夢想得過於神祕，其實夢很簡單，它和我們的呼吸一樣，其實是一個很正常的生理過程。在中世紀人們把這種探索人類心靈的夢稱作「育夢」，其實就是用主觀意志來誘發做夢的過程叫做育夢。

　　育夢既然是用主觀意志來使我們產生我們需要的夢，這也使得這樣的夢較之其他的夢更為形象生動，這是因為這樣的夢本身就有主觀能動性。

　　其實如果你真的想透過育夢來解決你的困惑，你不必懷疑它是否會做出相應的回應，因為只要你有透過夢解決問題的意願，你必然會得到答覆。

　　一個乞丐，他常常發誓這輩子再也不做乞丐，因為做乞丐不只艱辛而且要遭受別人的白眼，誰都不會看得起一個乞丐。於是他決定不做乞丐，他打算去染布的工坊去做學徒，他在育夢的時默念：「我應該去做學徒嗎？」結果他做了這麼一個夢：「他夢見自己睡在街道的角落裡快凍死了。恍惚中覺得再不起來就會死掉，於是他就起來，發現自己躺在一個很暖和的鍋爐旁邊。」他馬上聯想到明天晚上自己去哪裡睡覺，於是他馬上去了那個染布坊，那個作坊的老闆見他可憐就收留了他。他因為踏實肯幹，後來成為這個作坊老闆的女婿。

　　從上例我們可以知道夢有時確實會改變你的一生，因為夢給了我們一個不一樣的的世界，它會在不經意間給人啟迪，也許會給你很多成功的因數。只要我們把握住這個稍縱即逝的機會，整個人生就可能會因為這個夢而改變。我們在生活和工作中習慣於用「小巷思維」來思考和解決

問題，我們只知道進和退卻不知道還有另外一條路，那就是跳出來審視這個人生，而夢就給我們這樣的一個機會。我們有時也會得不到啟發而求助於夢。

根據一項測驗結果顯示，人們一般每星期要產生三十多個夢，這其中包括很多本能的自發性的夢。因為人有著保護自己的本能，在日常生活和工作中，我們善於把自己不願意展現出來的的一面隱藏起來，但有時候這樣的隱藏會在夢裡被激發出來，因為夢裡的人是最真實的人。我們既然夢到自己的道路，我們就會實現我們的夢。

有時會出現這樣的情況，我們在育完夢後已經獲得了圓滿的答案，不過早晨起來卻忘記了。但是事後它會以另一種方式告訴你，這個方式可能會以預感或者突然的靈感來顯現出來。王家衛導演拍的電影《2046》其實是一個夢，當時他們在拍《花樣年華》，但是拍著拍著，導演做了一個夢，醒來以後，他忘記了有關《2046》的故事。後來他去一個賓館，那個賓館的房間號碼就是2046，所以就誕生了一部電影《2046》。

我們做的夢確實會影響我們的生活，因為這些夢會追

隨著我們前進。其實是我們有時候活在夢裡面，夢給了我們很多啟示，它讓我領悟別一樣的生活，它可能會在夢醒後改變我們以後的生活。什麼樣的夢會對我們產生如此大的影響力呢？這就是我們自身決定的，我們怎麼運用夢，我們以怎樣的方式理解夢？都會產生不同的答案。我們有時候無助的時候我們會期望透過夢來給予我們指點。

有一個年輕漂亮的女孩，她自恃自己有良好的家庭和美貌，認為自己肯定能找到一個白馬王子。她每天沉浸在這樣美好的幻想中，對周圍追求她的男性嗤之以鼻，結果後來她年齡已經很大了，成了「剩女」，讓她非常苦惱。後來她嫁給了一個相貌一般、家境也不好的男士為伴。婚後因為她的不滿意讓兩個人經常吵架，最後他們離婚了。她的心情很失落，她透過育夢，讓夢幫助她脫離了她憂鬱的心情。

但是過了一段時間，她找見一個願意和她結婚的人，她不知道自己應該不應該和這個男士結婚，她想透過夢育夢來給自己一個答案，於是她做了這樣一個夢：

「我將要參加婚禮，但是婚禮開始的時候，卻有一個

窮小孩拉住我的婚禮裙子，不讓我去參加婚禮。那個小孩的眼神告訴我，這個婚禮使他很不開心，小孩哭著但是不說話，我很疑惑。」

這個夢其實很重要，解夢的人告訴她：「其實妳不是要找一個和妳結婚的人，在妳經歷那次失敗的婚姻以後，妳已經變了，妳並不需要一個白馬王子，妳需要一個愛妳的人，而不是一個看重妳家庭和美麗的男子。」

後來這個女孩去了一個很貧苦的地區去給那裡的孩子教書，她在哪裡認識一個年輕的中學教師，那個教師很淳樸，最重要的是他很愛她。後來他們結婚了，生活的雖然很平淡但是很幸福。

育夢既然是一個技術性很強事情，這就需要我們掌握育夢的方法，以下這些方法可以供大家參詳：

第一步：時機要恰當。

第一、育夢是需要恰當的時間、恰當的地點、恰當的經歷。首先你的精神狀態一定是放鬆的，你的心情是平靜的，你要與夢中的她相會，所以在相會之前你一定是非常積極的態度。第二、儘量避免使用藥物和帶有刺激性的酒

或者菸草。因為這些東西會妨礙你夢中心靈的溝通。很多依賴藥物的人後來發現用藥遠不如夢裡的世界。所以從此不再依賴藥物。但是對於那些經常用藥的人就得小心謹慎，最好諮詢醫師。最後，要不被打擾的保持清醒。

第二步：要回憶一天的生活，並作出簡單的感觸。

打算睡覺的時候，要像寫日記一樣把這一天的生活簡明扼要地記錄下來，寫在一張乾淨的紙片上，這樣有助於放鬆心情，淨化自己心靈，這樣才更容易進入夢的狀態。

第三步：默默地告訴自己夢的主題是什麼？要提醒自己夢注意力在什麼地方？夢需要解決的問題在哪裡？

這一步需要育夢者運用主觀的意識，檢查自己所處的離夢境最近的地方。打算在今晚針對什麼問題育夢，你要確定你育夢的主題，如何確定可以按照下面的範本進行：你對你要問的問題有沒有其他可以折衷的辦法，你對此自己有沒有一些成熟的見解？如果有衝突你是否願意化解衝突？是繼續生活還是作出改變？如果你打算改變什麼？你有沒有改變的勇氣？如果真的改變你是否有放棄其他東西的準備？如果你如願以償，你的事情和心情是否會因此而

改觀？你樣反覆地向自己發問？請投入而飽含深情地去激發自己沉在深處的情感。

第四步：寫一兩個最能顯出你需要解決困境欲望的句子，這個句子力求簡潔、明瞭而且表達力強。

你也可以事先斟酌幾個比較好的語句，反覆地使這個句子變得具有很強的表達力和最好是直抒胸臆的句子。你需要列出諸如這樣的句子：幫助我怎樣和現在的上司處理好關係？我到底怎樣才能取悅佳人？關於我的創作請給我一點啟示吧！越是簡潔明瞭的句子，越能在夢裡更加明確地給予你答案。

第五步：集中精神。

做好前面幾步後，你就可以開始今天的夢的歷程了，你先要輕輕地關上燈，緩緩地閉上眼睛，然後集中你的意識默默地誦讀著你已經寫下的那些語句，這時你必須心無旁騖地把所有的注意力放在這些精雕細刻的語句上，當你打算睡覺的時候，就請你忘記這些語句，回到你育夢的最初目的上，即你要打算解決的問題上。然後把感情集中到句子，這樣慢慢地進入到夢鄉。

第六步：開始育夢。

這一步有點「萬事俱備只欠東風」只欠東風的意思。只有在睡眠裡我們才有可能接觸到內心深處的自己，以在夢中的視角看自己，理解自己，同時理解生活和人生。

第七步：記錄。

當你睡醒的那一刻，不管是什麼時間睡醒，你都要第一時間把你的夢境寫下來，憑著回憶記錄一些碎片，不要對自己的夢進行評述，把做完夢的產生的想法和奇特的想法也可以記錄下來。記錄的夢應該是原始的不受任何外界因素影響的夢。這樣才是一個完整的育夢。

如何把握夢的範圍和夢境

我們已經知道我們不是想要做什麼夢就能夢見什麼。但是我們可以透過我們主觀的活動來把握夢的範圍和夢境。但是這些得透過不斷的嘗試和努力，不是一朝一夕就能做到的。那麼如何才能把握夢的範圍和夢境呢？我們要做到：

第一，睡覺之前專注於你希望夢到的主題。把你最想夢到的東西在心裡默念幾遍，並要提出疑問，就是你要在夢裡得到什麼答案？你希望夢給予你怎樣的啟示？這些都必須明確地表達出來，這樣夢才會給你出點子。

有個人她和周圍的朋友們的關係都處理得非常不錯，她是這個朋友圈的核心，大家都喜歡聽她的，她的交際能力也得到大夥兒的肯定。有一天她發現大家最近怎麼不理她了，而且都向她投以異樣的目光，她就非常的不開心。她也不好意思問為什麼大家都不理她，她很焦慮，她在想

大家為什麼這樣對她，她寢食難安，後來她聽說是因為她的朋友們都丟了東西，只有她沒有丟，所以大家懷疑她偷了其他人的東西。

她在睡覺之前默默地念叨著我沒有偷東西，我一定要找到偷東西的人。她做了一個奇怪的夢，夢境是這樣的：她低著頭走在昏暗的街道上，忽然後面一個人追她，她害怕極了，她就拼命地跑，後來跑進了寢室但是那個人還在追，她情急之下推開窗子跑了，那個人也沒有追上來，相反那個人看見她從窗子上跳出去就嚇得跑不見了，然後她嘴裡一直念著窗子、窗子……就這樣清醒過來，醒來後，她一直思索也搞不清楚。

後來她去看看寢室的窗子有沒有問題，結果她發現寢室的窗子的鎖被人弄壞了，還留有痕跡。她把這個發現告訴其他朋友，大家都知道錯怪了好人，而且過了幾天學校其他寢室也發生了這樣的盜竊事件，大家都恢復了往日的友情。

第二，想做怎樣的夢，白天就要從事這方面的活動。對夢的主題和夢境的把握不是一件容易的事情，我們要反

覆練習才能做到。如果沒有達到想要的夢的主題和夢境，我們可以嘗試把想要的夢境帶到現實生活中來。

例如：一個男生和女朋友吵架了，他知道自己錯了，他就去哄她開心。但不管怎麼哄女朋友就是不理他，他非常沮喪，他希望透過夢來讓女朋友原諒他。在解夢師的指導下，讓他晚上在臨睡前默念：「讓我在夢中和女朋友和好，非常希望解決我的焦慮問題！讓我夢見她已經原諒了自己！」然而幾個晚上就是沒有出現他所希望的夢境。

於是解夢師讓他回想一下，在過去女朋友什麼時候吵完架老是不理他，他說上次是忘記女朋友的生日了，解夢師便要求他在白天的時候，把以前與女朋友的生日有關的事想一遍。結果晚上他確實做了夢，他夢見他和女朋友的媽媽去給女朋友過生日，不知道怎麼了女朋友就生氣了。他就問女朋友，為什麼生氣，女朋友說，問我媽。

第二天他真的去就見女朋友媽媽，問為什麼女友心情不好，不理他。結果女友媽媽說，她最近在求職的最後一輪被刷下來了。他恍然大悟就去找自己父親，讓父親幫忙找人看能不能找關係，把這個事給解決，後來這件事也圓

滿解決了，他們幸福地生活在一起。

　　我們會有會這樣的經歷，就是在夢裡我們意識到這是在做夢，即我們在夢裡扮演著兩個角色，觀眾和演員，這種夢稱作「清明之夢」。

　　我們可能沒有完全辨認出此夢是否是「清明夢」。當你夢見敵人在追逐時你提醒自己，這是夢境，這是前清明夢。此時做夢者似乎矇矓地覺察到自己身處夢境。

　　如果你很確定辨識出你正在做夢，那這樣的夢才是純粹的清明夢。在做清明夢的時候，你可以運用主觀能動性來改變夢的內容。你已經進入到夢裡，即使夢裡出現令你害怕的野獸你也會處亂不驚。清明夢無疑是非常有誘惑力的，那裡面的聲音、圖像、美食都是獨一無二的，無與倫比的。你隻身到其中，你才會感受到真正清晰可見的夢。

　　如果你意識到自己處在做夢的過程中，你就會發現當你處在較為清醒的狀態時，這時你的注意力集中在有關做夢的內容裡，當你注意力提高的時候你已經進入了夢鄉。

　　心理學家失特瓦提出了一整套的分析夢的方法，其中包括很多人們自私負面的東西，當你夢到有關這些內容的

時候，你就必須有意識地進行毀滅。人們有能力和正面的夢合作而拋棄負面的東西。

這就是育夢和施特瓦方法不同之處，育夢是自己導演自己的夢，在做夢之前我們寫好了夢的劇本，夢的過程已經有著清晰的脈絡。而施特瓦方法是在做夢過程中透過各種方法來影響夢的意識行為。另外育夢有著明確的目的，並希望能產生較理想的結果；而施特瓦方法沒有確定的目的性，但有些時候育夢會轉化成清明夢。

不好的夢境會對做夢者產生很多不好的影響，如何才能避免這種傷害呢？傳統心理學家要求我們做夢者要很善意地包容這些不好東西，但失特瓦方法卻要求我們主動地去排斥這些不好的東西，自衛自己的夢的世界。

按照施特瓦的方法要領，我們遇到不好的夢的時候，要設法去瞭解它，把它變成好的正面的東西，當你遇到一些恐怖夢境的時候鼓起勇氣向這些東西表達自己的不解，希望夢能作出善意的引導。這樣做卻能把不好的東西轉化成好的東西。

有個人做了這樣的一個夢：他出去旅遊，他走進了一

個很美很美的大森林，這裡有藍藍的天，清清的水，他很喜歡這裡。突然一下子所有的遊客都跑了，原來來了一群不明身份的怪物，他也想跑掉可怎麼也跑不了，於是他轉過身，對著這群怪物說你們好，你們需要什麼？這時這些怪物不再那麼兇神惡煞而是變得友善，並解釋他們只是想和這裡的人生活在一起，並沒有惡意。這時我知道我只是想儘快溶進這個陌生的環境，並沒有打破這個環境平衡的目的。

於是我們知道如果你處在清醒的狀態下不斷地告訴自己，你有能力把不好的夢境轉化成好的夢境，這種暗示有助於你成功地達到自己想要達到的目的。如果你能順利地透過反問的方式向不好的夢境發起自己的疑問，那麼你就成功地邁出了夢的重要一步。瞭解他們比消滅他們更好，在瞭解的過程中你會得到更多的東西。

對於那些有威脅產生的恐懼的夢境畫面，我們可以採用直接與其溝通的方法來表達我們內心善意的心理，因為夢是我們的另一部分，我們不需要對自己產生恐懼，我們要試圖瞭解自己的另一部分。

假如你做了自己非常害怕的夢，你首先必須明確這是夢境，在夢境裡沒有傷害，不管發生什麼都要保持冷靜。可以透過溝通的方式來瞭解令你產生恐懼的東西到底是什麼？因為瞭解我們才會變得熟悉，因為熟悉我們才真正瞭解自身。從夢的解釋中能直視我們不敢面對的人生，所以夢給了我們瞭解自身的機會，看我們是否有運氣把握。

　　有人做了這樣的一個夢：他夢見自己打算開車外出旅遊，以緩解和妻子緊張的關係。他去開車的時候發現車怎麼也發動不了，當車發動的時候，他又發現輪胎怎麼沒有充氣，他就想我應不應該去就這樣一走了之去旅遊呢？他考慮要不要放棄這次旅遊跟妻子好好談談。在做這個夢的同時，他感到打算去旅遊是他想擺脫和妻子這種緊張關係的方法，而輪胎壞了則表示這不是解決問題的辦法。於是他在夢裡對自己說，對！不能把矛盾擱置，應該找妻子好好談談彼此到底那些做的還不夠。

夢的能量體驗

一、夢對靈感的激發

古往今來，無論是文學家還是科學家，許多我們耳熟能詳的大家都曾有過在夢中獲得靈感的故事。而且專門進行此項研究的權威人士也在調查研究中證實了這些事件。例如橡膠的硫化作用就是著名的美國化學家查理斯·古德伊爾在夢中發現的。查理斯研究硫化橡膠多年都沒有取得突破性的進展，正當他終日苦悶之時，一天晚上他夢到了一個素不相識的人告訴他：或許可以再橡膠中加入硫磺試試。終於，這個夢幫他解決了問題。從此橡膠的老化已經不是人類的難題了。

「必須為有利的做夢，提供機會。」這是美國的一所學校所指定的校規。因為人在睡眠時腦電波圖顯示長長的西托波，在日常生活中百思不得其解的東西，很可能會在夢中得到閃現或是解答。德國化學家凱庫勒關於苯分子式

是一個環狀結構，就是由於夢中被蛇咬而受到啟示，寫出了環狀的分子式。

二、夢對現實的預見與指導

我們說夢對現實有預見作用，這種說法其實並不是迷信。夢之所以會有這種先見，是因為潛意識對現實資訊的無所不包。

一九七九年五月二十五日墜毀在芝加哥奧黑爾機場的美國航空公司一九一次航班，麥道DC-10飛機，就是一個很能說明問題的例子。因為就在這架飛機墜毀之前的一段時間內，有一個叫大衛‧布斯的人每晚都會做相同的夢：一架正在飛行的飛機好像發動機出了問題，之後便突然墜落在地。這樣的夢反覆出現了很多次，他於是向美國航空局反應了問題，害怕是會有空難降臨。但是不幸終究是發生了，就在他的夢停止的第二天，也就是五月二十五日，飛機失事了，原因就是發動機突然停止運轉。

在四川地震災區的人中，有一個男子講述了他在地震前夜即五月十一日夜的夢境：

夢中，他看見解放軍開了很多車，很多人都一個個上

車了，他也想上車，但一上車就被別人推下，一連爬了幾次都是這樣。夢醒了，他百思不得其解。自信有錢就有一切的他，面對如此不公平待遇，心裡極不好受。第二天，他還是想著這件事。午飯後上床休息，全身發癢，無法入睡。於是跟老伴逛超市，兩人為買一件東西意見不一致。後來他們離開商場，開車去郊外，車開到收費站停下來之時，山崩地裂的地震發生了。幸好在這場地震災難中，他一家人員無傷亡，只損失了一些財物。

這個實例可見夢的預見作用。其實夢境中出現的解放軍開車拉人，是地震發生後救災情形；他不能上車，預示著作夢人不需要這種待遇，因為他沒有遇難。

王立文是一位愛好文學的中年男子，他與第一任妻子就是因為兩人的人生觀與世界觀差距很大而離婚的。與前妻離婚後的王先生一直是單身一人，沒有再婚。有一天晚上他夢到自己和姑姑一起去他的初戀女友的住處，然而當他們走到那個地方時卻發現房屋破敗，雜草叢生，早就無人居住。他的初戀女友早就搬走了，王先生從夢中醒來後非常失落與傷感。

第二天王先生的姑姑居然打電話來，說她為他介紹了一位女子，下午就一起去相親。由於前夜的夢還縈繞在腦海中，王先生對這次的相親十分看重，他希望對方會是一個像他的初戀女友一樣有思想有內涵的女人。然而事實卻大大相反！他的姑姑所介紹的女子是一位極為現實和功利的人，她所關注的只是王先生的工作、收入等等關於錢財的東西。每當王先生想要把話題轉移到精神領域時，那個女子就會非常不耐煩，很快地又將話題轉回到收入或者其他功利性的事務上。最終雙方不歡而散。

　　王先生後來說，自己的姑姑也是一個很現實的女人，貪財吝嗇，可想而知，她給自己介紹的對象也不會好到哪裡去。

　　夢境雖然對現實有著預見的作用，然而夢不是在任何時候都能夠得到我們的重視的，大多數人對平常的夢往往持有忽略不計的態度。然而懂得利用夢的人會發現，夢對現實生活有著一定的指引和嚮導作用。除此之外，對於夢的把握程度也會影響到它所能夠指引現實的程度。

　　我們在夢中所經歷的事件都是我們內心世界的呼聲，

因此這些事件並不是湊巧拼湊在一塊，而是有著某種可尋的蹤跡。對於這一點，很多學者都持有認同態度。我們都是夢的經營者，同時也是夢境的創造者，我們所累積的夢經驗對於日後的生存於發展都有著或多或少的指導作用。

人們在睡夢的狀態下時思維活動的方式與白天有著很大的區別，而且這個時候思維更加自由，可以隨意馳騁。所以做夢的時候我們當然可以繼續白天未完成的工作，讓夢給予我們更好的啟發。如果你是大公司的策劃或是行銷人員，白天的工作壓力之大可能會影響到自身的想像力與創造力。其實不必緊張，因為你完全可以借助睡夢的特殊功能來完成你的策劃，睡夢時的輕鬆思維也會為你提供更為理想的策劃方案。

無論你從事什麼職業，都可以利用睡夢帶來的益處，從中獲得別人沒有過的靈感與創造力。在睡覺之前你就可以問自己想要在夢中得到什麼，反覆地追問，那麼你所想要的東西很有可能就會在夢中出現。許多有成就的大作家也都會利用夢的這種優勢來激發自己的靈感，因而完成了舉世矚目的大作。我們可以舉一些很典型的例子來證明夢

對現實生活或是工作的指導作用：

錢西是一名剛畢業的英國文學博士生，她在應聘某所大學的講師前不知道應該準備哪方面的內容才能夠獲得這個職位。這個問題困擾了她很多天，終於在要試講的前兩天晚上，她的問題居然在夢中得以解決。

那晚她夢到一群大學生圍著她坐成一圈，師生無拘無束地談論著各種問題，大家顯得格外輕鬆和開心。第二天醒來後錢西很快決定了自己的講課內容和授課方式，那就是與學生們自由交流英國文學。

原來錢西之前就聽說這所大學的英文老師授課都非常傳統與沉悶，學生們都很不樂意上英語課，所以這個資訊由夢傳遞出來後就告訴錢西：應該用很輕鬆自由的方式完成她的試講。

李迪是一名政府的公職人員，他年近四十，有著一個相貌中等卻溫柔體貼的妻子，還有一個十歲左右的女兒，一家人生活得其樂融融。但是李迪有一段時間卻時常做同樣的一個夢：他夢到自己在河中游泳，游著游著就看到前方有一位女子，好像是陷入了漩渦一樣向他求救。李迪看

到之後就拼命地往前游，想要救起這名身處險境的女子。他看不清這名女子的面容，然而他卻覺得那樣子十分熟悉與親切。就在他快要伸出手臂救起女子時，突然一陣風將女子帶走，空留李迪一人漂浮在水中。

數日之後李迪接到了一個來自新疆的電話，來電的是李迪的中學同窗好友王啟，王啟說劉菲菲在前天因乳腺癌已經離世了。李迪聽到這個噩耗時才頓悟，原來夢中漩渦裡的女子就是劉菲菲，他的初戀情人！怪不得他會覺得那女子面容如此熟悉。劉菲菲一直在新疆定居，生有一個兒子，現年八九歲的樣子，她的丈夫早在幾年前拋下她和孩子去了美國。後來李迪經過妻子的同意之後收養了劉菲菲之子，他們的家庭成了擁有四口人的快樂之家。

夢的神奇作用還是要靠自己來體驗，但是我們切忌對夢抱著太大的希望，因為畢竟我們是現實生活中的人，夢境可以給予生活指導，但我們絕不可以完全依靠夢來解決問題。

夢與時間的永恆性

在上古時代，做夢被認為是一種和神祕、超時空的力量，它能傳達人與自然力量的關係，並且做夢是溝通現實和未來並與我們的亡靈世界保持某種聯繫的唯一手段。

早在能夠記錄人類活動時起，就有關於對夢的詮釋，因為六千五百年前敘利亞的兩塊石板上就記述了此事。後來巴比倫、蘇美爾、埃及與其它古代文明都特別關注夢幻活動，甚至賦予夢幻以神聖的價值與意義。

例如在猶太人的《塔木德經》裡有二百一十七處明確提到做夢與預言的關係。《聖經》裡講述的夢有六十個之多，其中多為顯示預兆的夢，如約瑟敘述的七頭肥牛和七頭瘦牛的夢，雅各夢見從地上登入天堂的天梯。

在穆斯林國家裡，對夢的崇尚透過《古蘭經》傳播：穆罕默德在死前說道：「在所有的預言裡，只有夢能長久的存在下去。」

佛洛伊德在《夢的解析》一書中對夢的解釋是「一條通往潛意識的路」，是我們心靈的一部分，在我們清醒的思想裡被壓抑的幻覺或心理扭曲進入了這部分心靈之中。這位精神分析大師對夢的理解可謂不無道理，因為他給我們指明了夢是我們自身心靈潛意識溝通的橋樑，它傳遞了很多我們在現實生活中沒有表現出來的意願，雖然這樣的意願未必是我們真實的意願，至少這樣的意願在我們大腦皮層曾經留下過記憶碎片。

研究夢是什麼的科學家並不僅限於佛洛伊德一人，有位荷蘭的心理學家對亞里斯多德的夢進行了反覆的研究，他說有一種夢就是做夢的人知道自己在做夢，但他已經在享受這個過程，他已經有意無意地參與到了這個夢裡面，而且自得其樂。

美國心理學家喀爾文‧霍爾在四十年代指出，他收集了五萬多份關於夢的報告，他透過這麼多的材料尋找夢中的共同因素，最後得出的結論是夢表達了我、家庭、朋友和社會環境等概念。霍爾認為，一些夢的因素頻繁出現，反映出一個人清醒時關注的事物，甚至可以從中猜測這個

人的生活方式和性格。

　　我們在研究夢的時候，有的人會關注有關意識、潛意識、前意識這三者之間的關係問題，有的人則從對做夢的人的大腦成像進行分析。

　　漢思・貝格爾在透過大量的做夢者與清醒著之間的大腦成像進行對比發現：兩種大腦成像是不同的，它反映了人在做夢與否的大腦活動是不同的。後來艾爾福雷德・盧米思經過試驗得出，做夢不是腦神經停止了活動，而是在做夢的時候會分成幾個階段的腦電波活動。納塔聶耳・柯萊特曼及其學生的發現，在一個稱作快速動眼的階段，在這個階段如果你把做夢者喚醒，他會很清楚地告訴你他的夢境。於是產生了兩種睡眠：柯萊特曼的學生經過對做夢者各個階段的分析，得出這樣的結果，他把夢分為兩種，一種是快速動眼階段和非快速動眼階段。他還同時提出了除了人之外，其他諸如爬蟲類動物和鳥類都會做夢。

　　我們的睡眠過程是這樣的，一開始從非動眼階段然後緩慢地進入快速動眼階段，那麼整個過程如果用大腦成像來顯示的話，我們會發現在非快速動眼階段，其大腦成像

是一個類似於波紋的三角形，然而當過一個小時後你就會
發現，大腦開始高速運轉，其活動狀態和在清醒的時候沒
有太大的區別。

　　大腦在睡眠時候的運動成像告訴我們，我們要理解夢
到底是什麼還需要繼續地研究，但我們可以確定的是夢自
產生以來，它就無時無刻不在伴隨著人類前進，人們對夢
的認識也越來越有科學依據，人們在夢裡找到了真實的自
己還有自己喜歡的方式，所以夢越來越備受歡迎，人們慢
慢地把夢作為了自己認識自己的手段和途徑。

　　夢是我們生活的一部分，自從有了人類就有了夢。夢
伴隨著人類誕生，也會伴隨人類認識自然、改造自然，在
改造自然的時候夢還會有助於人類。

夢對身心活動有什麼影響

　　另外兩類看法則不具有神祕感。其中一類認為夢是身體的狀態或病變的反映。中國古代醫生認為，如果夢見刀槍，可能是肺有病變；夢見溺水則是腎有病變；夢見大火烤人則是心有病變……這種看法也同樣存在於現代，現代的說法是：當身體有輕微的不適，醒時人沒有注意到，夢中就會夢見相應的內容。例如，心微微絞痛就會夢見被人用刀刺中心臟。

　　另一類觀念認為夢是思想和情緒、願望等引起的。因此，我們如果白天一直想著某一件事，就會夢見這件事，所謂「日有所思，夜有所夢」。如果我們盼望富有，也就會夢見成為富貴的人。如果想念某個朋友，就會夢見他。反過來如果我們恐懼、擔心什麼，也會夢見可怕的事物。

　　上個世紀末，奧地利偉大的心理學家佛洛伊德，用科學方法研究夢，發現了夢的本質規律，首次建立了關於夢

的科學理論。他對夢的意義的理解也屬於這一類。他認為夢是一種願望的幻想性的滿足。夢的外顯的意義不同於內隱的意義，而內隱的意義就是某種願望，按他的理論，如果一個女子夢見打針，針很可能代表男性生殖器，而打針則表示她希望有機會性交。

　　佛洛伊德等人的成就，使夢的研究終於進入了科學的殿堂。但是，直到今天，它仍然被擠在這個殿堂的角落。研究夢的科學家被另外一些更嚴格的或許是更固執的科學家所輕視。後者提出的疑問是：「你們說夢有意義，可是你們如何證明這一點？怎麼才能分辨出你們對某個夢的解釋是不是它原有的意義？舉例來說：你們說某個女子夢見打針表示想性交；而我們說這只不過只是因為她那天打過針，有什麼方法可以證實你們是對的？」

　　由此，引出了證實的問題。

關於夢是否有意義的爭論

　　長久以來，學者們對「夢是否有意義的爭論」層出不窮，此起彼伏。主要存在著無意義和有意義兩種論斷。

　　無意義的夢觀認為夢沒有意義的巴甫洛夫式的解釋，在邏輯上不成立。因為它混淆了生理──心理兩個層次，或者說，他忽略了夢的心理意義。在生理層次上，或許可以說夢只是大腦皮層的殘餘活動。（現代對夢的生理學研究發現，問題也不是這麼簡單。）但是這並不說明心理活動是無意義的，大腦皮層部分活動並不說明其心理內容也只是部分殘片。

　　夢是預兆這種觀念的信仰者舉出了許多例子，證明某個夢兆出現後的確發生了相應的事情。但是他們忽略了這一點，夢也常常有預兆未實現的時候。從來沒有人統計過夢兆的準確率。例如，說夢見棺材會升官發財。假如某一個人夢見棺材後過不久真升官了，這個夢就會眾口相傳，

作為準確預見的證據。而另一個人他夢見棺材沒有升官發財，就不會有人提起這個夢。因此，也許實際上夢和後來的事並沒有關係，夢見棺材後升了官，只是一個偶然的聯繫。

更何況，許多預兆性的夢，也許完全是偽造的。周文王遇見姜太公，認為他是很好的人才，想破格提拔他，又怕群臣不服氣。於是他假說自己做了個夢，夢見先王讓他去某處找一個什麼什麼樣子的老人作輔佐。這樣大臣們就同意讓貌如「夢中人」的姜太公作「總理大臣」了。周文王被譽為聖賢尚且如此，後世皇帝和想當皇帝的人，以及其他懷有政治目的的人，更不用說，也會編造預兆性的夢去達到自己目的了。何況，一件事被傳得越來越神更是常有的事。

夢的靈魂活動的說法更是難於證實，因為我們無法證明靈魂存在。如果說因為有夢所以證明靈魂存在，因為靈魂存在所以有夢，這就成了「循環論證」。何況這種說法還有它難以解釋的現象。如果某甲夢見某乙是某甲的靈魂遇見了某乙的靈魂，那某乙在同夜也應該遇了某甲才對。

可是實際上兩個人在同一天夜裡互相夢見對方的例子卻很少。多數的情況是，某甲在夢裡用刀刺死了某乙，而某乙卻一點也沒在夢裡感到疼痛，也根本沒見到某甲。

認為夢是身體狀態或病變反映的人，一般還可以找到一些例子證明他們的觀點。但是，這種解釋只適用於少數的夢。多數時候，我們沒有任何病變，身體沒有什麼特殊情況，也沒有饑餓、口渴、寒冷等感覺，卻仍然在做夢，這些夢就需要其他的解釋了。

為以佛洛伊德為首的有意義的夢觀，則持有另一種看法。佛洛伊德提出夢是願望的滿足，並且發展了科學的解釋法，因此他的證據相對來說可靠性大多了。他的解夢法可以揭示出夢的顯意和夢的隱意之間的聯繫，使他對隱意的解釋更可信。例如：「她把蠟燭置在燭臺上，但蠟燭斷了無法撐直。」根據佛洛伊德的解釋，這暗指她丈夫陽萎。證據是，這個女子回憶起她聽到的猥褻的歌：「瑞典的皇后，躲在那緊閉的窗簾內，拿著阿波羅的蠟燭⋯⋯」

佛洛伊德關心的，主要是如何透過解夢瞭解一個人內心隱蔽著的東西，而不是如何證明他的解釋如何正確。他

就像一個偵探，從一點點蛛絲馬跡中尋找罪犯的蹤跡。他不像法官，要讓每一個證據都盡可能地可靠。

因此對於如何發現夢的潛在意義，他考慮得很多，對於如何證明這些意義可靠，他考慮得就稍少了一些。佛洛伊德的理論常常遭到「科學性不夠」的批評，也正是由於這個原因。

夢真的可以預兆凶吉嗎

天人合一、天地感應是中國古代人認識世界的哲學觀。夢兆的解釋和大量應驗的事實更讓人相信：夢是能夠預兆吉凶的。殷商時代留給今人數不勝數的甲骨文中，絕大多數都是卜辭，夢兆吉凶的內容所占比例也為數不少。為什麼從古至今，人們相信或半信半疑夢確有預感的功能？對生存過分關注與對科學所知甚少應該是其中很重要的成因和合理解釋。

至今也有很多人相信，夢會給我們帶來某種暗示，事後還會經常得到驗證。我們必須會解釋這些暗示的意義，才可以知道夢報的是什麼消息。例如，夢見槍、長刀，是妻子生男孩的預兆；夢見鐵鍋，是妻子生女孩的預兆。

殷商時期的甲骨文中，就有用夢卜吉凶的記載。歷代史書中，都有夢預言吉凶的記錄。例如《晉書》載，曹操曾夢見三匹馬在同一個槽裡吃食。曹操認為這預示著司馬

懿、司馬師和司馬昭（三馬）父子將篡曹（槽）氏天下，所以警告曹丕要留意。

傳說中這種例子不勝枚舉。《左傳》中記載：宋景公死後，得和啟兩個兒子爭奪王位。得夢見啟頭向北而躺在戶門外邊，得自己是一隻烏鴉在啟的身上，嘴放在南門上，尾在桐門上。於是得認為他的夢好，象徵著他將成功地繼承王位。後來得真的被立為宋的君王了。

為什麼認為這個夢好呢？因為，中國古代有解夢理論認為：「頭向北躺著，代表死；在門外，代表失去國家。」所以啟會失敗。而得面對南方，「南面為王」，而且控制著各個城門，自然得應該成功。由於相信夢的預兆作用，中國古人會根據夢來決定自己的行動。

唐朝開國皇帝李淵在剛要起兵反叛隋朝時曾做過一個夢，他夢見自己掉到床下，被蛆吃。他認為這是表示自己要死的預兆，所以不敢起兵。而他手下的一個人解釋說：「落在床下，意思是『陛下』；被蛆吃，表示眾人要依附於你。這個夢表示你要當皇帝。」李淵聽了這話，放心地起了兵，後來他推翻了隋朝，自己當了皇帝。這個夢最明

顯地說明了夢的預兆的不明確性，李淵的夢，表面看很像一個凶兆，但實際上卻是一個喜兆。

在西方文化中，也有與此相同的觀念。例如《舊約》中埃及法老夢見七隻肥牛，隨後有七隻瘦牛出現並把肥牛吃掉。約瑟夫告訴法老，這預示著，將有七個豐年，隨後有七個災荒年，它們將把前七年的盈餘全部耗光。預兆觀的基礎是原始人普遍存在的「感應」觀，認為天地自然與人可以相互感應，也就是很多人類學家提出的「原始互滲律」。這種古老的觀念至今仍然存在。在我們接觸的人中有不少人仍然相信夢能預兆凶吉，表面上往往承認這是一種迷信，但內心卻隱隱約約覺得這種說法也有道理。

人生的未來，吉凶難測。不管你是一個怎樣的人，都無法去洞察未來所發生的一切。當我們極力想弄清這一點又找不到答案時，於是有人去占卜算命，人以夢預測吉凶。而更多的人則坦然面對，努力做事，老實做人；夢兆在這些人身上似乎就不再那麼靈驗了。

可以把往事當做夢回憶嗎

　　回憶往事，恍如一夢，這種感覺是人們常有的。即使你是大英雄大豪傑，曾經有過驚天動地的事業，但是當浪潮湧過之後，你回憶過去的輝煌經歷，也不過如一個夢，像一個夢一樣不真切，像一個夢一樣隔著一層紗。即使你有過讓人們驚歎的愛情故事，在結婚幾年後，這些動人的經歷也會淹沒在柴米油鹽的生活瑣事中，你回憶起來過去也不過像一個夢，輕盈飄渺恍恍惚惚。假如你的過去不是那麼轟轟烈烈，而是平淡的，在平淡中雖有些你自己才能品出的味道，在年華老去之後，回憶中這也如同一個夢。

　　回憶往事如同說夢。有的「夢」還很鮮明，一起談到過去，「夢者」彷彿又回到了從前，壯士情緒因之激昂、愛人的浪漫情懷又重新喚醒，同學彷彿回到少年，但談完之後，人散屋空，杯盤狼藉，所有過去離你遠去，「夢」也隨風而逝了。

有的「夢」已經模糊，只彷彿花去留香，似有若無；彷彿一縷遊絲，難於捕捉。在回憶中你尋找著線索，試圖編織起原來的故事，但是它們像一個影子一樣無法固定，只留下一種感傷在心裡。少年人對未來的想像明明是個夢想，但是少年人不覺得是夢；年長者的回憶雖然是過去發生過的，但是在年長者的感覺裡卻真如一夢。

　　蘇東坡，才華橫溢，文章一時獨步天下的宋代奇人，一生命運頗為奇特。少年得志，和父親弟弟同時在科舉中高中，天下聞名；後來身列高官，議論國政，成為國家棟樑。以後，因小人陷害，被連連貶謫，直貶到當時最蠻荒偏遠之地。

　　經歷了人生的大起大落。一天，他遇見一個賣餅老婆婆，老婆婆一句話總結了他的經歷：一場春夢。「事如春夢了無痕」，蘇東坡寫道。春天剛剛醒來，回憶夢境，夢已如朝霧散去，多少夢中喜怒都沒有留下一點痕跡。

　　往事如夢。既然往事如夢，我們的解夢是不是也可以用於往事，我們是不是也可以把往事的回憶當一個夢來解，看這個夢是什麼意思？

　　這想法似乎荒唐，但是實際卻並非荒唐。你可以嘗試做一個實驗，把過去實際的事件的回憶當夢來解釋。雖然在這種解釋中，我們無法說解釋的是對是錯，但是這「解夢」卻往往觸動對方，因為這解釋或者是正說出了對方的性格最深的祕密，或者是正說出了對方自己半生的感慨。

　　往事為什麼可以像夢一樣解？心理學家阿德勒曾經做過一個工作，根據一個人能回憶最早的記憶，他可以分析出這個人的性格。為什麼從一個人極小時的一件事，可以看出他的性格呢？因為，心理學研究者早就發現，人的記憶不是像電腦一樣的機械記憶。人的記憶是有選擇的，你記著什麼事沒有記著什麼事，這不是偶然的，而是和你的性格、價值觀、對人生的感受等等都有關的。所以有些大事你可能已經忘記，而一些小事卻記得很牢。你的潛意識編排你的記憶時，實際上已有所取捨、有所加工。

　　我們知道，歷史學家寫歷史時，不是在記流水帳而是把自己的思想觀念也溶進去了。同樣，你的潛意識在記錄你自己的心靈史時，也溶入了他的信念。一個自信的人，可能記憶中更多的是自己的成功，而忘記了一些失敗。一

個怨天尤人的人，可能記憶中經常是別人對自己不公正。原始人在總結自己的一段生活時，不願像一個哲學家一樣用語言說出哲理，更願意像一個小說家一樣，用一段故事來說出自己的人生感想。或者說，更像司馬遷，司馬遷透過編寫《史記》來說出自己的人生觀。所以，你回憶起來的任何事，實際上已經不僅是一件事的描述，而是一個寓言、一部小說，它以生活細節象徵著一種人生體驗。

所以，我們只要把這往事當夢解釋，就可以理解這個人的性格、人生觀等。如果要求一對夫妻「回憶一件你們剛認識時的小事」，然後把這件事當夢來解釋，我們就可以從中發現他們婚姻中的一切。他們以後所有的和諧和衝突，在這件小事中都有象徵或苗頭。如果讓一個人回憶他開始工作之後遇到的一些感觸蠻深的小事情，我們以解夢的手法，也可以發現他在工作之後的經歷怎樣。

如果我們要求一個人回憶他童年發生的小事情，或者如阿德勒一樣，要一個人回憶他記得最早的一件事，那麼他的回憶就是反映了他對目前走過的人生的基本態度和印象，我們從中自然可以瞭解他的性格了。

　　這裡舉一個例子。一位女性回憶她和丈夫訂婚時，說到一個細節：在飯店吃飯時，丈夫的父母坐在圓桌一邊，她的父母坐在另一邊，本來認為她和男朋友應該挨著坐，形成「三對夫妻」的局面。但是男朋友卻坐在了他父母的中間。

　　如果這是一個夢，我們的分析是：她的男朋友坐在了他父母的中間，象徵著他在心理上還是兒童，所以我們可以斷定：他結婚後仍願意和父母住在一起，而她的位置卻很尷尬；他對妻子將較為冷淡，他在夫妻性生活上較為淡漠。我們還可以把父母當作佛洛伊德所謂的「超我」的象徵，分析出她丈夫的性格是較為道德嚴謹的，因為他生活在「超我」的中間。

　　把往事當夢解是閒暇時的一個很有趣的遊戲，這個遊戲可以給你許多關於自己生活的領悟。

Chapter 2

如何才能
掌控夢境

What Your Dreams tell You

人是否能夠控制夢境

　　因為夢境是在人體休眠的情況，在無意識或是潛意識中進行，所以人類對夢境的探究一直沒找到確切的答案。在很多人眼中，夢境的表現形式沒有任何的依據和規律，也不受空間的限制，常常會有各式各樣的排列，或者突然的場景轉換。那麼我們所遭遇的夢境與現實生活到底有沒有合理的聯繫呢？如果有，這個相關聯的切合點在哪裡，是如何聯繫的，我們是否可以透過這個聯繫控制夢境呢？

　　美國芝加哥大學克雷特曼實驗室的德門特和沃爾珀特兩位學者很早就開始研究夢境。最初他們注意到，大多數剛來到睡眠實驗室的新的受試者，在敘述他們夢中的故事經歷時，常常把睡眠實驗室這個新奇的環境編入各自的夢境情節中。顯然，睡眠條件的改變會在夢境中得到反映。德門特和沃爾珀特從中獲取啟示，並設計了一系列有趣的實驗。實驗的方法很簡單，就是改變受試者睡眠時的環境

條件，看它會不會在夢中得到相應的反映。整個實驗分三部分，先用冷水淋，繼之以強光，然後再放音樂，結果在受試者的夢境報告中，只有百分之四十二涉及水，百分之二十三談到光，百分之九提到音樂，這些資料看來並不能很好地說明問題。還有不少學者做了相關的實驗，結果使他們做出了同樣多的、大相徑庭的解釋，但是有一點似乎已經趨於明朗化，即清醒時的環境遇到某些特殊的改變，在夢境中就會增加與此有關的新內容。然而目前的問題焦點是怎樣才能確切地掌握環境刺激和夢境內容之間的必然聯繫，只有做到這一步，方有可能達到控制夢境的設想。

關於人是否能控制夢境內容的問題，迄今為止能夠做出的回答僅僅是：入睡前後的外界刺激看來是可能被編入夢境的。不過涉及與此有關的各種生理機制和它的規律性，由於變化因素太多，目前還難以將它規範化。從事該領域研究的學者們都感到，透過控制入睡前後的條件來影響夢境內容的實驗十分複雜和困難。 因此我們首先需要有一套更為精確的度量夢境內容的方法，然後才能理解夢的意義，最終達到控制夢境的目的。

我們是否可以修改自己的夢境

　　夢是你的潛意識導演的作品，就像是電影、電視或者說是在寫一本小說。

　　問夢如同點播節目，但是你知道嗎？現在我們的電視即將被互動式電視代替，將來的互動式節目將允許觀眾影響節目，例如，一部電視劇播出時，演到女主角在舞廳看到男友和另一個女人在一起，觀眾可以用控制鍵盤，決定女主角是轉身跑開，還是衝上去打架或是裝作若無其事地上前打招呼，而後邊的劇情發展也就因此而不同了。

　　我們和夢的關係，也可以是互動式的，我們可以以種種方式影響夢境，實際上這意味著我們用夢所用的象徵語言和自己心中的潛意識交流，向他們表達我們的想法。

　　基本的「造夢」方法是在睡前向夢提要求。要求夢消除或改變一些消極的東西，使自己的心靈成長。

　　提要求的方式和向夢提問一樣，是睡前用簡單、無歧

義的語句向夢提出，也同樣要遵守前面提出的要點。與問夢不同的是，這裡我們所說的要求指令，都是直接關於象徵形象的。例如，「當夢見那個髒孩子時，不要打他。」而不是說：「我要接納我自己身上的缺點和不足。」

有人曾經自發地用過這種方法。那是他剛開始自己在一個屋子裡睡，離開母親有點害怕，所以每天夜裡都做惡夢，形形色色的鬼怪在夢中出現。有時甚至一閉眼，還沒有睡著，腦子裡就出現一隻猛虎。嚇得他不敢睡覺，但是不睡又不行，他也不願放棄自己獨佔一屋的快樂和自由。於是在他不堪忍受時，他對自己說：「一會兒再夢見鬼，我要和他搏鬥。」一會兒睡著了，鬼出現了，他想搏鬥卻動不了，鬼在威脅他似乎還嘲笑他，他嚇醒了。

醒後他對自己說：「一會兒再夢見鬼，我要努力動，和他搏鬥。」過一會再夢見鬼時，他努力動手，和魔鬼搏鬥。結果夢見手微微動了，鬼沒有跑，他又嚇醒了。

他馬上重複指令，繼續睡，繼續努力搏鬥，不久他夢見鬼時，就能夢見自己和鬼在搏鬥，夢見鬼被他打敗。從此他不再夢見鬼了。這就是引導夢境改善心理，夢中的鬼

來源於內心的恐懼。

「和鬼搏鬥」則意味著「戰勝恐懼」，當他在夢中戰勝了鬼，他在實際生活中也就戰勝了恐懼。引導夢境的要點是，當一個消極的形象或主題反覆在夢中出現時，首先分析一下夢，瞭解一下其意義。例如，反覆夢見被追趕。首先分析夢，判定被追表示有一種恐懼。然後，根據追你的人的特點，判定你所恐懼的是什麼。如果具體意義不清楚，第一個指令是「正視問題」。

例如夢見被追，夢中卻看不清追趕者，或者甚至沒回頭看見過追趕者。那麼第一個睡前指令可以這麼說：「我要在夢中回頭看看誰追我！」因為不回頭看追趕者象徵著「不正視危險」，而回頭看追趕者則象徵著「敢面對危險」，「敢正視困難」。

心理學家蓋爾·戴蘭妮說：「如果你醒著時經常暗示自己，要正視和反抗夢中的敵人，並且問他為什麼要威脅你，那麼就會成功。這也許會立即做到，也許要花上幾個月，但你終究能做到。這時你會感到大功告成，直至白天仍然如此，你由此而獲得了新的勇氣和膽量。」

在遇見夢中敵人時，殺死敵人不是很容易成功的，有時你夢中向敵人連發幾彈，敵人中彈而就是不死。有時好容易把敵人打死了，過一會又復活了。這很自然，因為克服自己內心的弱點和缺點並不是件容易的事，就算一時勝利了「殺死了敵人」，還有可能反覆（敵人死而復生）。所以你需要堅持，也許要堅持幾個月，才能大功告成，獲得勇氣。

殺不死敵人也可能表示你採用的方法不對，戰鬥和殺死敵人並不是唯一的方法，也許你應該試一試其它方法。

安撫馴服敵人也是一種方法。例如，一個自律甚嚴，勤奮刻苦的學生常夢見被野獸追趕，他也想殺死這野獸但是卻殺不死。實際上這野獸代表的是他內心中「想要撒野」的需要。他自律太嚴，對自己全面發展反而不利。他沒有娛樂，白天晚上刻苦學習，也很少休息，這對他的生命已經產生了損害。在夢中他想殺死野獸，也反映了他的一貫態度，壓制自己，這已使他產生了疲倦和厭學感，而且長此以往，他的健康也會受到損害。現在的他，已經有頭痛、乏力、失眠等一系列的不適了。

　　所以他需要的，不是戰勝敵人而是安撫馴服敵人，安撫馴服那個野獸。如果有機會和這位朋友談，可以讓他在夢裡給那野獸一些食物，並且告訴牠，雖然客觀條件不大允許讓牠完全吃飽，但是總會給牠一些吃的，請牠理解。另外，在這幾天，將讓牠好好吃好好玩幾天。在實際生活中，也要放鬆一下自己，做到勞逸結合，這樣野獸也就不會再追他了。

　　蓋爾‧戴蘭妮指出，理解夢中的敵人，與之和解是另一種很好的方法。我們從她所舉的例子，可以看出這種理解的方式。

　　瑪麗‧埃倫的夢：「我待在屋裡，這時一群年輕的歹徒闖進屋子打算向我行兇。我設法將他們騙走，然後關好門窗。我想這下可安全了。然而當我驚魂未定時，他們又來了，又以新的手法恐嚇我。他們長得像巨獸，有長長的觸鬚，眼睛突出，皮膚似海怪。我不想讓夢中的恐懼壓倒我，於是我壯膽說：『你們又來了，這次又要做什麼？』這些怪人立即變成一群友善的人，表示想和我做朋友，幫助我理解自己。他們對我指出了，我那樣嫉妒我最好的朋

友的原因。他們的解釋很中肯。我醒來時更有信心了，也不那樣嫉妒她了。」

里克每隔三週就夢見一個可憎而兇惡的男人追趕他。這男人有時是軍人，有時是暴君、惡霸或地主。每次在夢中，他總是設法保護自己，有時還殺死了進攻者，可是夢還是反覆出現。心理學家分析，這個夢是他對死去的父親的憎恨的表現，於是勸他以「恨罪惡而愛罪人」的態度寬容父親的缺點。於是他夢見「一個士兵衝進他的屋子，他剛想抓起一把槍向來犯者射擊時，想起自己下過的決心，並且模糊地意識到自己在做夢。於是他放下槍，心中對那來人說要理解他。他問士兵：『你要幹什麼？』這士兵立即變成一個友善的人，並且答道：『我要你停止憎恨。』然後又對他說了一些話，這些話醒後里克記不起來了，但在夢中卻讓他茅塞頓開。正當里克對這個陌生朋友充滿愛和感激之情時，夢境改變了。這次里克和他父親在一起，在他看來父親內心矛盾重重，絕無惡意。他第一次對父親產生了深深的憐憫和寬恕之心。」

從這次夢後，里克在十八個月裡只夢見四次被追趕。

　　蓋爾‧戴蘭妮指出：如果遇到夢中威脅性角色時不是去消滅他們，而是去理解他們，就能得到更多的收穫。

　　不僅是夢見被追趕，在任何重複的夢出現時，都可以透過用「下次做這種夢時我將如何如何」這種指令，讓自己改變夢中做法。

　　例如，某女孩常夢見撿到錢，但是每次都拾金不昧。分析結果表示，這是一種不自信的態度，認為：「幸福不屬於我，好的機遇也輪不上我。」因此，如果她在清醒的時候反覆對自己說：「下次夢見撿錢我就自己收著，那是我應得的。」這有助於提高她的自信。

　　有一個解夢家夢見被追趕。追趕者的沉重腳步聲直在身後響。他向自己發指令：「回頭看是誰追我。」結果後邊沒有人，「沉重的腳步聲」卻原來是他的心跳。於是他恍然大悟，意識到白天所遇到的那件事根本沒什麼可怕，他只是在自己嚇自己而已。「沒有人追你，你怕的只是自己的心跳。」如果你夢中回頭看到了追趕者，你就可以根據他的樣子分析出來他代表什麼，然後採用相應措施。

　　「殺死」表示消滅和克服，「殺死蛇」，可以表示克

服內心中對別人的仇恨，也可以表示克服性衝動。「殺死懶人張三」，可以表示克服自己的懶惰習慣。殺是常用的措施之一，當成功的在夢中殺死了壞人，在實際生活中也就克服了自己的惡習。

戰鬥和殺死相似，它表示戰勝自己的弱點，和自己的不良傾向鬥爭，和夢中鬼怪惡獸所代表的惡勢力鬥爭。夢中「戰勝了」也就使你在實際生活中「戰勝了自己」或有了戰勝惡勢力的勇氣。

戰鬥和殺敵可以有各種具體方法。有個女孩用吐口水來在夢中打鬼。「鬼怕吐口水」這似乎是一個迷信，但是在夢中它只是象徵：「用輕蔑來對付那些邪惡的小人」。還可以用筆作匕首用去打鬼，這就是魯迅所謂用筆戰鬥。可以用槍打鬼，用棒子打鬼，當自己難於勝利時，還可以向夢中的友人求助「讓某來，他可以戰勝鬼」。如果某是一個光明磊落的朋友，那麼「某幫助打鬼」就象徵著用自己心中的正氣壓倒邪惡。把敵人埋起來表示「埋葬」懷疑，悔恨等不良情緒，燒死敵人表示把不好的事物「消滅乾淨」。

如果有能力修改夢，該怎麼做

我們經常遇到這樣的情況，當我們在夢境中的時候，很清醒地意識到自己是在做夢，但是我們想試著去控制夢境，卻怎樣也做不到，或者也有一種情況，我們意識到自己在做夢，於是馬上就醒了，醒來之後，對剛才的夢境心有餘悸，卻又無能為力。如果能在夢境中，自我導演，讓夢在指引下進行，這就給夢治療帶來了極方便的條件。

你可以邊做夢，邊分析夢，邊改造夢。有這樣一個改造自己夢境的例子。

夢中的「我」和一群熟悉的朋友去逛像廟會一樣的廣場，裡面有許多舊書攤，轉了轉沒發現什麼好書。然後向右拐，看見一群、一群的人在挖墓穴。我不以為然地往前走。然後過一個石橋。走著走著橋忽然豎起來，變成一個陡壁，現在不是過橋而是攀援。爬著爬著，爬不動了，發現腿很重，一看有個七、八歲的男孩正在拉自己的腳。我

想這樣不行。我讓他先放開我，我們可以一起上。於是我幫著他，和我一起並排向上爬，很照顧他。

我們艱難地爬到壁頂發現是像登山運動員登的山，山上有雪，刮著風。壁的另一面是懸崖。我發現壁頂有一塊大石頭。我想下去，我和那個小孩躲在大石頭後面，這樣風就吹不到我們。我知道我們必須下去。怎麼下去呢？我發現這時不知怎麼，我就有了一大捆粗的繩子。於是我把繩子套一個圈套住兩個大石頭，我和小孩溜下去。溜下去以後我站在水池裡，又像是泥塘裡。我在那裡採摘蘑菇，捕捉青蛙，這時水漫到我的脖子。我坐木船過河，船頭高高翹起，我看不見對岸，本來對岸是可以看見的。這時，我意識到我在做夢，我想，我可以把船頭變成橋。這樣一想果然橋出現了，直通對岸。我走過去，對岸有很多小吃攤，我好像又回到了廟會，於是這個夢從危險到有趣，給做夢者的心理帶來了愉快的感受。

有人曾夢見爬一個公園兒童遊樂場的鐵梯子，越往上爬梯子越不穩。他很擔心會摔下來，在考慮要不要下來。在做這個夢的同時，他曾嘗試著在自己的夢境現場解夢，

於是夢境中出現了這樣的心理變化，他感到爬梯子表示他在努力爭取較高的社會地位，梯子不穩表示對命運的不放心。於是他想，他需要的是增強自己的信心，於是對夢裡的自己說：「你力量很大，把握得很穩，往上攀吧！不用怕。」於是在夢境中他繼續上攀，直到頂端。

當你在清醒的情況下做夢的話，也可以不分析夢境，完全對夢境進行重新編排，並找到解決辦法。

有人夢見過幾個男孩子在拆除一枚炸彈，十分危險，他們想用錘子砸。當時這個人知道自己在做夢，於是他告訴身邊的人不能砸，一砸就會爆炸，需要小心取出火藥。拆開之後，有個男孩子把火藥放到一個盒子裡，說必須有一個人去引爆它，而引爆者必須犧牲。大家都不願意去，最後讓一個衣服破爛的可憐的男孩子去。這時他意識到自己在做夢，忽然清醒地想，為什麼一定要引爆呢？可以把火藥用水浸濕後吹散就可以了，於是他讓夢中的小孩這樣做了。

完全清醒後，分析這個夢，發現炸彈指生活中的另一個人的敵意，要拆炸彈指消除這種敵意。砸碎炸彈指用強

力打破其敵意，幸好夢中的人沒有那樣做。引爆炸藥並犧牲一個人指的是一味地讓步，這也並不是好的方法。這時就想到了相對科學的辦法，用水使火藥不易爆炸，再想辦法清除。水代表的應該是寬容和愛，只有這樣才可以緩解另一個人的敵意。這便是夢境的暗示和智慧，夢境間接地幫助你思考。

　　早晨將醒未醒時，或晚上將睡未睡時，會出現一些似夢非夢的境象，白天打盹時也會出現，這也同樣是一種象徵，這也是一種夢。在這種半夢半醒的時候，我們可以主動做夢。

　　主動做這種夢或改造它也是很有益的。有個青年因為與女友發生矛盾，產生了很強的報復心和不安全感，一直到睡覺前，他都感覺十分的氣憤，當他睡著了之後，在夢境中他不知道在什麼地方弄到一把槍，這把槍裡上滿了子彈，保險被打開，隨時有可能走火。他的女友就在旁邊，很危險，於是他要求夢中的自己把槍裡的子彈取出來扔掉。醒來之後，他和女友和好了。

　　還有一些夢會讓人懂得一些哲理，在臨醒時，某夢者

夢見一支手錶，其指針向左偏。夢者詢問潛意識，得知左表示過去，右表示未來。於是要求夢把錶針調到中央，也就是「現在」的位置。這是夢境在告訴他，把時間用在留戀過去、悔恨過去上，用在幻想未來上，都不如把握住現在。只要我們抓住每一個現在，做好現在的每一件事，那麼我們的將來就會很美好，將來的我們也不會為過去而悔恨。

在做了一個不好的夢後，早晨也可以「重新」夢，修改夢。方法很簡單，假如你晚上做了一個夢，夢見你失足滑到懸崖邊，手裡抓住一根樹枝，腳下是萬丈懸崖。你等待救援但是沒有人來，後來你堅持不住了，一鬆手掉了下去，你嚇醒了。

醒後一分析，是你對堅持做某事失去了信心，打算放棄了。那麼，在醒後，可以重新讓自己把「鏡頭」倒回手裡抓住樹枝等待救援的時候，然後，讓自己「改編」後邊的情景，告訴自己，只要努力而小心地往上攀，「我還可以爬上去」；或者告訴自己「有一個救援者已經來了，他已經伸手來拉我」。如果改編夢境成功，你在實際生活中

也可以堅持繼續努力，或至少堅守待援。

　　修改夢境不可能一切如意。有時，你想讓夢這麼改，而夢境卻固執地不這麼做。

　　例如，一個女孩夢見一隻孔雀在船上，臉朝後面看。在這個夢裡，向後看表示回顧過去。而當時她需要的是不再想過去的事，關注現在與未來。於是她讓自己修改夢，把夢境的形象重新記起，然後發出指令，讓孔雀回過頭來向前看。但是，孔雀拒不回頭。

　　這種情況，表示她的潛意識認為「現在我不願或不能照你希望的那樣做。」「我做不到。」在這種情況下，就需要請心理學家說明，分析原因及癥結所在，解決內在衝突。

如何隨心所欲地做夢

　　夢的另一種說法是靈感和幻想在透過潛意識來表達，就像是寫作文一樣，這種改造夢，控制夢的能力是可以透過練習而提高的。首先，要經常關注你的夢，尋找夢中所提供給你的資訊，並對此進行解析。這樣你就可以瞭解這些夢的根源在什麼地方，進而使自己即便是在夢境中，也能夠清楚地對夢境進行判斷。清醒的夢也就越做越多了。

　　其次，在早上剛剛醒的時候，或者晚上睡意萌生的時候，再或者休息打盹的時候所遇到的淺夢進行改造，使朦朧的夢變成一個清晰的夢。

　　在淺夢階段是意識和潛意識最常交匯的時期，你會在夢中看到兩種場景，一種是生活中熟悉的事物，一種是光怪陸離的情境。前一種主要由意識構成，來源於你最近關心的事情，而後一種主要是象徵形象，如同潛意識，提示但並不直接告訴你答案。你會漸漸迷戀上這種夢境，正如

早上自然醒之前的那一段美妙的時光，讓你希望可以睡一個懶覺，不願起床！再這段時間裡，你可以感受到身體在完全放鬆的情況下的狀態，這是在深層睡眠時無法體驗之知覺。更重要的是，在這一睡眠階段，你的思維在現實與夢境中穿梭，可以清晰地分析你最近關注的每一個問題，而有可能這些問題的答案就藏在你的夢境中。有學者發明過一種睡眠記憶法，就是讓學生在這種情況下學習，讓人驚訝的是，學生的成績在短時間之內得到了提升。

在練習做清醒的夢時，你要儘量讓這兩個意識並存，也就是說，讓我們心中的潛意識和意識同時在場。這不是一下子就能做到，你也許會失去意識，於是沉人夢中，完全忘了「這只是一場夢」。為了避免這種情況出現，你可以時常提醒自己是在睡夢中，進而避免失去日常意識，認夢為真。另外，你還要防備另一種危險，那就是你一下子醒了過來。

要防止醒來，一是要小心不要讓睡眠轉入清醒，當你不自覺想長吸一口氣時，抑制自己，不加深呼吸，你的睡眠就不會一下子消失。在你感覺要醒時，放鬆一下自己，

減少雜念也可以讓睡眠繼續。在清醒的夢中，會有一些思維活動。如果這種思維語句太長，人就會離開睡眠狀態。所以，要保持在清醒的夢的狀態，就要注意不要讓思維的語句太長。如果你的夢裡有一個人在講話，而這個講話持續時間太長，你也應該讓他中止一下，否則也會使你很快醒過來。

如此利用半夢半醒狀態讓自己不睡、不醒、淺夢，就可以成為清醒的夢。另外，在醒後，睡意還沒有完全消失的情況下，也可以透過回憶夢進入清醒的夢。具體方法是把注意力集中在夢境中的一個「鏡頭」上，盡可能讓它清晰，並且分析它的意義，向夢提問題，引導它向更好的方向發展，漸漸地從這個「鏡頭」開始，就會開始一個夢，這個夢就是清醒的夢。例如，有人在夢醒之後回憶自己的夢境，他發現其他情節都忘了，只記得一個陌生的中年男人用斧頭在削木頭的情節讓他百思不得其解。為什麼會記得這個情節？這個中年人是誰？代表什麼呢？於是他一方面看著夢中的這個中年人，一方面在心裡說：「這個形象會變化，變成另一種形態，我看一看那個形象就知道意義

了。」這麼想著，這個削木頭的中年人變成了一個嘴裡啃著一本書的熊，這只熊想把書像啃餅一樣啃成圓形，然後用它做建築材料……在做這個夢的過程中，夢者仍舊是清醒的，他一邊看這個夢，一邊可以進行分析，一邊還可以改造夢境：「可找一把刀來切。」他一邊向夢發指令，一邊分析：「這個夢表示我現在讀書的方式不太正確……」

　　保持清醒的夢，你就可以在夢中隨時有一份對夢的理解，有了改變夢的自由。你可以邊夢邊釋，邊釋邊改，進而使自己的夢趨於更美的境地。還有另一種方法能引發清醒的夢，那就是利用「夢標誌物」。先在白天選擇你夢中常見的事物作「夢標誌物」，例如：經常夢見一個人，這個人在你生活中從沒見過，面容很粗野。你就選他做「夢標誌物」；或者，夢中你經常見到一種平房，像小時候住過的房子。你就選這種平房做夢標誌物；或者，在日常生活中你從不可能接觸槍，但夢裡卻常用它，就選槍做「夢標誌物」。選定夢標誌物後，對自己說暗示語：「一旦我看到這一事物（比如槍），我就是在做夢。」這樣，當你在夢中見到這個「夢標誌物」的時候，你就有可能覺悟到

你正在做夢，進而使夢中有另一種意識而變成清醒的夢。另外，也可以暗示自己，你會在夢中發現不符邏輯的事，這表示你在做夢。比如，夢中槍打中人不出血、人可以飛等等。一旦發生這樣的事，你就知道你是在夢中了。

　　印度瑜伽術可促進清醒的夢，透過修習「夢瑜伽」，人們可以使自己在夢中保持充分意識。前面我們說過：清醒的夢就是日常意識和夢的意識並存。實際上，還有另一種清醒的夢，它雖然也是二種意識並存，但是夢意識之外的另一種意識卻並不是日常意識，而是一種更高的意識，一種非語言的純淨的覺知意識，這種清醒的夢品質更高。印度瑜伽術得到的就是這種清醒的夢。

　　雖然在清醒的夢中你有能力改變夢境，但是絕不要想完全控制夢，一是你難以做到，二是你不應該做到。如果你完全控制夢，你內心中的潛意識就沒有了和你交流的機會，夢完全成了你清醒意識的獨白，這樣，夢對你的心靈反而有危險。因為你占據了潛意識的領地，成了那裡的獨裁者，而壓抑了潛意識的表達，總有一天，潛意識會起來反抗這種暴政，到那時，你的心理平衡將被破壞。

夢容易遺忘怎麼辦

　　我們會發現一個奇特的現象，就是夢的遺忘問題和記憶一樣。當你一天天長大的時候，想去回憶童年的事情，卻無法將童年的點點滴滴全部複製下來，只能回憶起一部分，有很多事情都不確定。夢境也是一樣，很多夢在醒來之後就被遺忘，怎樣也記不起來。那麼夢境為什麼容易遺忘呢？

　　夢是很容易被忘掉的，原因有兩個。一是夢的記憶痕跡很淺，會很快自行消退。我們都有這種經驗，剛醒時還記得很清楚的夢，過不多一會兒就忘了許多，等吃完早飯也許就忘光了。我們只記得做過一個夢，卻完全忘了夢見了什麼。或者在半夜從夢中醒來，清清楚楚記得一個夢，於是又睡了，想第二天早晨再分析這個夢，而到第二大早晨，連一點影子也想不起來了。

　　在睡眠實驗室裡，心理學家觀察著儀器，有些儀器可

以指明睡著的被試是不是在做夢。（當然儀器不能知道他夢見的是什麼）當被試正做夢時叫醒他，他幾乎總能講出一個生動的夢。如果被試夢結束後五分鐘叫醒他，他只能說出一些片斷。當夢結束十分鐘後叫醒他，他幾乎全忘完了，可見夢忘得是多麼快。

忘掉夢的另一個原因是：有的夢暴露了內心，因而被壓抑，被有意忘掉了。

心理學家沃爾珀特在實驗室做夢實驗時，被試中有一個青年，很擔心夢會暴露自己。在實驗室中，他過了三小時才睡著，剛睡著就做了一個夢。心理學家叫醒他，他敘述了這個夢，但是很難為情，然後他又繼續睡。這以後，腦電圖指示表示：他開始做夢剛一二分鐘，還沒等別人喚醒他，他的夢就突然停止了。第二天早晨心理學家問他做了什麼夢？他回答說：「夢見打開電視機，過了一會兒，就起身關上它。螢幕上一片漆黑。」

在日常生活中，人們如果怕夢暴露自己，怕夢中那些不好的念頭被自己或被別人發現，不必在睡覺時「關上內心的電視機」，只需要毀掉錄影帶──也就是說毀掉對夢

的記憶——就可以了。

　　我們的潛意識是知道夢的意義的。因而，如果連他也不願說出來讓別人知道，他就會讓夢忘掉。

　　惠特曼等人在夢實驗室對兩個正在接受心理治療的病人的夢進行分析，發現了一個有趣現象：女被試在對實驗者講夢時，忘掉了一些夢，這些夢在她到了治療她的心理醫生那裡卻想起來了。經分析，這些夢的意義是對實驗者的性欲和敵意。還有些夢對心理醫生講的時候忘了，對實驗者講時卻不忘，經分析，這些夢都是與性有關的。由於被試知道心理醫生更擅長分析與性有關的夢，所以她到了心理醫生那裡就把這些夢「忘了」。男被試在和心理醫生講夢時，把在實驗室時還記得的一些夢忘了，這些夢的意義是關於同性戀的。

　　除了害怕在別人面前暴露自己，常忘掉夢的夢者也不願意自己面對夢所揭露出的東西。有些經常忘掉自己夢的人反而慶幸自己的遺忘。他們說，回想出來的大部分夢都很不愉快或把他們嚇得半死。這說明，他們的夢反映了心理衝突，而他們既不願意面對自己內心的衝突也不願記起

反映這衝突的夢境。出於這種回避的態度，他們會找一些藉口回避記錄夢，比如說「記夢太麻煩」，「有那麼重要嗎」，「生活中那麼多事，那兒有閒工夫去管夢」。

　　然而，這種回避是對人心理成長不利的，因為心理衝突和不良情緒不會因為你不去管它就自己消失。回避夢，就是回避自己內心，這是一種掩耳盜鈴的態度，是不能解決問題的。由於夢的記憶痕跡淺和人們有時會害怕記住夢這三個原因，夢很容易忘，我們就需要想一些辦法記住我們的夢。

我可以像記日記一樣
記錄自己的夢嗎

美國心理學家派特里夏‧加菲爾德對如何記憶和記錄夢有很深研究，根據她的經驗，有這樣一些要點：

一、重視你的夢把夢當成珍貴禮物。相信夢能帶給你對自己對世界的洞察，提高你醒後應付生活的技能。不要拋棄表面上荒謬的和瑣碎的夢。接受每一個你記得的夢，認真對待它，把它記錄下來。

二、臨睡前作出記牢夢的打算，對自己說：「我今晚一定要記住我的夢。」在將睡著的朦朧中再重新提醒一下自己，要記住夢。

有的人從來記不住夢，這種人應這麼對自己說：「我願意瞭解自己，我願意記住夢，我肯定能記住。」有了記住的願望和信心，就肯定能記住。

三、剛醒時不要睜眼，閉著眼回憶夢境，一睜開眼，

我們就來到了白天世界。我們看見陽光，於是一下子清醒
了。我們會想到白天該做的事，夢就被拋在腦後了。而閉
著眼，我們仍沉浸在夢的世界中，就容易回憶。只要能夠
回想起一個夢的片斷，就可以由它一點點聯想起整個夢。

　　四、如果一點片斷的夢也回想不起來，就想想生活中
的重要人物。在想不起來夢境時，也不要放棄。想想你所
接近的人、家人和親密朋友的形象。假設你的夢是關於你
父親的，但是早晨夢被忘了。

　　那麼，當你想父親的形象時，你就會回憶起來。「啊！
對了，我昨天好像夢見他了。」這好像你回憶一個人名，
覺得那名字就在嘴邊但就是想不起來，這時別人間：「是
不是某人？」如果正好說對了，你會恍然大悟說：「對！
對！正是他。」

　　五、剛開始不要翻身，當回憶枯竭時，翻一下身。一
醒來就起身或做其它迅速的運動都會打斷夢的回憶，所以
剛開始回憶時應保持醒來時的姿勢。當回憶枯竭時，慢慢
翻個身，就會回憶起另一個夢。一些心理學家認為，保持
做這個夢時的姿勢容易回憶。仰睡時做的夢，仰臥時最容

易回憶；側臥時做的夢，側臥容易回憶。

六、儘快回憶和記錄夢非常重要。在我看來，對我們一般人來說，用不著那麼認真地閉著眼找夢。

但是在早晨一醒，倒是的確該首先想一下。「我昨天做了什麼夢沒有？」回憶起來後用筆簡略地記錄下來，或者講給朋友家人聽。在白天，某些偶發事件，某句話的聲調，別人的某句話，自己的某句話，或你看見的什麼東西會喚醒你的記憶：

「我昨天的夢和這很像。」因而使你想起一段夢來。正如對待早晨的夢的回憶一樣，儘快把它寫下來。因為這些回憶像鳥一樣，過一會兒就會飛走。

七、在床上準備紙筆以記錄夢。如果你早晨回憶起一個有趣的夢，想把它記下來，但是床上沒有紙筆，你就只好起床去找。起床並且找東西這個過程就足以讓夢被忘掉一半。如果對解夢有興趣，至少在初學時要記錄少數夢來解解看。為了記錄方便，你應該在床上備好紙筆。

「紙」應該用硬皮的本子，稍大一些為好。因為是躺在床上寫字，用軟皮本顯然不方便。另外，硬皮本不易損

壞，保存也比較方便。筆最好用圓珠筆，臨睡前試試好不好用。用鋼筆的危險是，不小心筆帽掉了，筆尖碰到床單就會讓床單髒一大塊。

最好閉著眼記錄，這樣夢不容易忘。但是一般人這樣做會把字寫疊在一起，也只好睜開眼打開燈記錄，但是，床頭燈不要太亮。

為什麼不能用答錄機呢？據筆者經驗，用答錄機有兩大缺點，第一，誰有那麼多時間去重聽錄音並把錄音整理下來？如果不整理，那錄音帶會用掉太多。一大堆錄音帶放在那裡也沒有時間去邊聽邊分析。第二，剛醒時人的口齒很不清楚，你自以為清清楚楚地在說話，而結果錄下來的只能一堆含含糊糊的聲音。

記夢時先記一個簡略大綱，不必太詳細，然後再填充細節。要揀重要的，印象深刻的夢記，如果每個夢都細細寫下來，那每天上午就不用做別的事了。

八、先記錄關鍵字和新奇獨特的東西。加菲爾德提出先記動詞短語，發現中文中不一定是動詞短語最重要，所以，記錄關鍵字，用詞而不是句子去記一個夢。例如：和

郭……買棗……老太太……店……魚……螃……無水……用這些詞先勾出夢的輪廓，過一會兒再填充內容。「我夢見和郭一起到一個市場去，郭提出我們也買點東西，於是我們買棗……」填充可以起床後再做，甚至可以等中午再做，但是不能拖太久，否則也會忘掉的。

如果你在夢中作了一首詩，剛醒時先要把詩寫下來，然後再寫夢中的其它情節。因為詩是更容易忘的。如果在夢裡用了什麼怪字或有什麼其它創作，也要首先記下來，因為這些創作物是易忘的。

九、為夢記錄寫一個標題象給小故事加題目一樣，也可以給一段夢的記錄加一個標題。這樣做不僅有利於以後回憶這個夢，還有利於理解這個夢。因為為了寫標題，你要尋找夢的「中心思想」或「主要情節」，在這個過程中你就發現了夢的要點。

夢標題大略如：「出遊治河」、「逃向鳳凰石山」、「寶石花」等等。

十、邊記錄邊分析。在半夢半醒之間，釋自己的夢很容易。原因是這時潛意識還沒有完全停止活動。因此在早

晨不妨躺在床上，一邊記錄夢一邊分析：「這一段又是什麼意思呢？」

十一、回憶夢，理解夢的能力會越練越精。常常記自己的夢，記憶夢的能力就會越來越好，同時也更會解夢，這樣，就可以從夢中學解夢越多的東西。

美國心理學家蓋爾·戴蘭妮也提出了一些改善對夢的回憶的方法，基本上與上面所講的相同。她還提到要允許自己醒來後有安詳的環境想夢、記錄夢。蓋爾·戴蘭妮還總結出一種做「夢筆記」的特別方法，這種方法把夢和做夢前一天的事，做夢前的育夢和解夢等記錄到一起，（下面將介紹育夢）使自己在很久之後，仍可以清楚地看到夢的全部前因後果，是極為有效的方法。

她的方法如下：我教人用來記錄夢的方法，多年來不斷改良。我希望目前提供的方法大家可以先試試看，也許以後你也能發展出適合自己風格的改良方法。

按照我們定的格式把夢記錄在筆記中，初看之下可能覺得很複雜，不過請記住，那只是一種理想的格式。等哪天你不想花那麼多時間記錄，也可以採取較簡易的方式。

可是務必記住一項原則，做夢筆記裡的內容一定要清楚詳盡，這樣才能從中學習到東西，當你理解自己夢境的能力增強之後，檢討過去的夢將讓你發現更多意念。有時候，過去令你百思不解的夢，重讀之下竟豁然開朗，與目前的生活有密切關係。

我曾在一星期中重溫過去四年內所做過的夢，事後某天，我安詳地坐在沙發裡，腦筋任何事都沒想。突然間，我體會到一個在一九七三年做的夢的意義。

我把那隻精美的鑽石錶遺留在溜冰場裡。我走出車門的時候才發覺到，手上戴的是一隻平淡無奇，但功能齊全的男用錶。我很焦急，擔心回去的時候已經被人撿走。

現在，坐在客廳裡面對著壁爐，我終於瞭解，這個夢是在警告我並沒有好好利用「寶貴」時間溜冰！進大學之前，我參加集訓，準備參加溜冰比賽。可是在一九六八年唸了大學之後，我放棄了溜冰，我告訴我自己，溜冰與認真念書是魚與熊掌，不能兼得。年滿二十歲時，我也向自己說，年齡太大了，不適合溜冰。

四年之後，我的夢依然在責罵我。我並沒有利用寶貴

的時間溜冰，只是想成為一名心理學家。我在夢中戴的那隻男錶，很像某位心理學家戴的錶，他很會利用時間，但有些工作狂。我曾經想要把我最初的需求忽略掉，這些需求是愛、創造、藝術，因為它們可能讓我分心，妨礙我的研究。我一個月拖過一個月，我的夢終究點醒我，一星期中溜個幾次冰並不會讓我「玩物喪志」。於是，我又開始溜冰了，並獲得極大滿足。如果以前我能每個月好好重溫舊夢，說不定不會拖這麼久才瞭解這個夢的意思。

如果你只是草草勾勒你的夢境，那麼，在溫習的時候就不易看出它的意義。對於初次記錄夢境的人來說，一定要不斷重新檢討自己所做的夢，才能慢慢熟悉自己的夢境語言。

下面就是理想的做夢筆記格式：

我們就以瑪麗亞的做夢筆記為例，讓大家知道我們的學員是如何記錄他們的夢，然後我們再循序說明。

一日摘記：今天我做了好多事，洗完六大籃衣服，用熨斗燙一大堆衣褲，出去購物，染髮，回復自然的金髮。真不敢相信，我做出一條肉捲，然後和湯姆去看《教父》

第二集。我做了好多事情，玩得很痛快，心情很輕鬆。

默默討論：我很想進一步瞭解我與湯姆的感情關係。我覺得對他有點煩，可是又覺得孤單，會想念他。跟他一起出去玩很愉快。可是，我們未來發展出的關係，會是我想要的那種嗎？我很希望找個好男人，一起建立家庭，生兒育女。

湯姆在我生命中的地位如何？楓樹下的無聊事。湯姆坐在一棵看起來很無聊的楓樹下，楓葉已經枯黃──那好像是秋天，可是又沒秋天那麼美、那麼溫暖。我走向他，帶來一籃野餐籃。我想，裡面一定滿滿裝著乳酪、法國麵包、水果等等好吃的食物，我掀開棋格布，發現裡面是花生醬、果凍、可樂和薯條，全部用麥當勞的包裝紙包著。我們玩得很愉快──做愛，並把這些垃圾食物全數吃掉，不過，這樣過一整天，我覺得有些失望。評注：好一場郊遊！原來我對湯姆那麼好，是因為「性」的關係。他並不是心目中的理想男人。當我打開野餐籃時吃了一驚──好像說，原來你期望吃到牛排，可是卻得到漢堡。這樣的比喻夠了，我和湯姆的關係就順其自然吧！

第一步：筆記的詳細內容

瑪麗亞的做夢筆記很簡短、易讀，段落清楚，從她的符號注記中就知道星期六那天她心裡在想什麼，而且也知道那晚她做了夢。夢在什麼地方結束，她對這個夢有什麼看法，也都安排得很整齊，依照如下的說明，你也有辦法寫出自己的做夢筆記。

第二步：一日摘記

臨睡之前，記錄你整天的活動，儘量簡單扼要。瑪麗亞就寫得很簡潔，要點都浮現了。一日摘記的主要目的是簡短記下你一天的想法、感受、行為，這有助於檢討你的一日得失，引導你進入狀況。請不要以流水帳寫下你今天做了哪些事，至少用一行的空間寫出你今天的感觸與想法。通常這會是等一下做夢時的關鍵意義。製作人製作夢境演出後的數天，這個摘記將可以幫助你詮解夢境。

第三步：默默討論

也就是找到解夢的出發點，如果你準備在某天晚上針對特殊問題育夢，最好在入睡前與自己討論一下該主題，例如，瑪麗亞和自己討論對湯姆的觀感。在討論的時候會

激起你的感情和思緒，對於你想育夢的主題很有說明。

第四步：一默念句

如果今晚是育夢之夜，寫一行的問句或請求，表達出你想瞭解某件事的深切渴望。瑪麗亞的默念句是：「湯姆在我生命中的地位如何？」睡覺前所這個默念句寫下來，並在句子前面加個「＊」記號，表示這是很重要的一行，可供事後參考。

第五步：夢的標題

這一行先保持空白，等第二天記錄好夢境內容時，再用三至五個字寫出足以代表整個夢的標題。瑪麗亞所定的標題是「楓樹下的無聊事」。這個標題在你複習的時候很有參考價值。甚至，你寫下的某些標題很可能是瞭解夢境意義的重要線索。

欣賞自己夢境的內容

記錄自己的夢境如同記錄自己的內心一樣，不能對自己說謊，要儘量將夢境完整地客觀地記錄下來。不僅僅要描寫夢中的情節、感受、疑問、線索，還要描寫醒來之後的想法和猜測，將之與最近所遭遇的事情聯繫在一起進行分析。

你可以用文字，或者乾脆用畫筆將夢境中一些無法解釋的不尋常的事情畫出來。在夢中經常會出現那些在平日裡你很難接觸到的你聽過的沒聽過的詩歌、句子以及歌曲旋律。有些時候看似被遺忘的內容，往往是夢境中最有價值的線索，稍加回憶就會想出來。如果你能在回想其他的內容之前，趕快寫下來，這樣才不會忘記。

注意，千萬不可過於自信而偷懶。你可能也遇到過這樣的情境，在很長時間之後，忽然間記起了一個夢的某個被遺忘的情節。那麼一定要記下來，這個情節一定對你有

很大的幫助，

　　有些時候會在睡夢中驚醒，之後便很難入睡，這個時候千萬不要在床上努力去睡，不如起來記錄一下剛才的夢境。因為這個時候的記憶是最好的。如果要等到明天早上的話，你會漏失許多有意義的內容。另外請記住，從夢中醒來後千萬不要對自己的夢境表示懷疑，或者夢境中出現了一些你不便記錄的事情。

　　有時候，你會想避開某種夢，並在半睡朦朧之際決定把剛做的夢忘掉。但是這種遺忘並不能解決事情，只能代表你不敢面對現實的懦弱。也許這個夢就是為了提醒你，不要逃避。而當你在之後後悔的時候，將再也無法追回。夢境和時間一樣，失去了就不會再回來。

　　我們要學習正視自己的夢境，享受夢所提供的幻想的國度，在這裡，你自由行動，感受夢中的現實，不受因果、時空、重力的限制。請把握這種無拘無束的畫面；請不要用清醒生活的方式描述夢境，用這種方式述說只會讓你失去對夢境的熱情，就好像你經常逃避退縮，不能面對生活，也就無法欣賞到生活的樂趣。而在欣賞自己的夢境

的同時，還需要注意幾個事項。

　　首先，這個夢的風格是怎樣的，這個夢的風格你是否喜歡。其次，你是在什麼時間段意識到自己在做夢的。是在睡眠的初期、中期、還是後期？如果是初期，在睡眠的過程中你有沒有引導你的夢，而在中期你是否對夢境進行了情節上的支配。而在後期的時候，結局有何改變，是否一下子就驚醒了。這些對於你解析自己的夢會有很大的關係。哪個時間段的時候讓你感覺意識特別強烈，不像是在做夢，比如，有光照進夢境，天亮了一般，或者漂浮在身體上空，彷彿在現實等等。

　　你可以利用兩邊或上下的空白部分，寫下對夢中影像或行為的瞬息聯想，你也可以用這些空白部分畫出不尋常的夢境影像。針夢境記錄與分析並將聯想區別開來。

　　在這一部分裡，記錄你的夢境面談或其他任何你對夢境內容的聯想。因為你是把夢境內容寫在另一張紙上，所以，事後溫習時，你若有其他的感觸或聯想，都可以在評注部分隨時增加或修改，你也可以利用這一部分，描述你在還未入睡前朦朧階段中的視覺、聽覺、感覺經驗。

有些做夢者發現，把經常出現或重新出現超過一次以上的夢境影像收集起來，編成夢典，對瞭解夢的意義很有用處。仔細研究一番，你將會發現到屬於自己的象徵系統。

　　其實，夢典並非一本你生活中的現實寫照。它就像是你內心的影子，與你形影不離，幫助你聯想，並幫助你進一步檢查令你困惑或重新出現的素材。

經常閱讀從前的夢

　　如果你能夠持續一年的時間來記錄自己的夢境，那麼到年底的時候你翻開自己的筆記本，你一定會有一個不小的驚喜。

　　經常在安靜的時候反覆拿出自己的夢境筆記本來看，將讓你有意想不到的新領悟。因為生活經驗的豐富與技巧的增進，你已懂得如何參考一日摘記並瞭解多年前你難以索解的夢意義。

　　在閱讀你從前的夢境的時候，你可能會發現重複出現的主題，每月份或每年份的複習要寫上日期，並描述一下你的一日摘記或夢中重複出現的主題。同時也描述一下，在面對自己的恐懼、威脅、高興、難過，或在探索未知領域上，你的做夢人生與清醒人生的解決方法有何不同。

　　經過定期的複習之後，你會發現在你的夢境中，你竟然會扮演那麼多的角色，就好像是回憶自己的一生一樣，

在童年時，我們會扮演誰，青年時，又會有怎樣的替身出現在你的夢裡。

你會發現你夢見過自己暗戀的對象，也會看見和不喜歡的人爭鬥。先回顧你的夢，然後回顧自己的生活，看看你扮演的是什麼角色。想一想當時的情境，對照著你的日記，你就會感受到生活的樂趣。

閱讀自己從前的夢是一件很有意思的事情，你會發現這時我們人生路上的一筆重要的財富。或許在解夢之前，你覺得這些事很複雜，沒有意義。但當你在不同的年齡，不同的經驗上重新看待從前的夢境時，你就會發現，生活是多麼的有意義。而在這裡還要說明一些事情，一是吃安眠藥會破壞人記憶夢的能力，所以如果你想記住夢，最好不要服安眠藥。二是早晨睡的很充足，自然醒來有利於記住夢。

人在下半夜的夢比上半夜的夢更豐富更生動，在你半睡半醒的情況下，你記住的夢境是最清晰深刻的。如果你早晨還沒睡好就被叫醒，這個夢就被打斷了。

不但影響你的健康，也會影響你的心理，這就是為什

麼人在非正常醒來時會特別的煩躁的原因。

　　所以最好把解夢放在週六週日的早晨，這兩天多睡一會兒也無妨。而且透過解夢，分析一下自己的心理狀態、解決一下心理衝突，對人的心理健康也是有益的。解夢因此，可以看作是精神上的保健。

Chapter 3

解夢的意義

What Your Dreams tell You

解夢是一種迷信嗎

解夢是一種迷信嗎？首先，作為心理學的一個範疇，解夢肯定是有意義的，但是對於一個對夢毫無分析的人來說，是很難能夠正確地解解夢。

這是因為由於夢境是解夢意識中的一種特殊現象，加之夢的歪曲、變形以及其超時空概念的特殊組合作用，因此對夢境的現象一定要科學對待。一些自己毫無分析夢的能力的人，如果不加分析，盲目跟從或者按照夢中變形、歪曲的情況去按圖索驥，這不僅是一種盲從的迷信思想，而且會害人害己，落得個悲慘的下場。文獻記載中，這方面的例子很多。

宋代杭州沈濟之夜夢一神對他說：「你家後園內藏有一罐黃金，你可去挖掘出來。」沈問道：「藏的確切位置在哪裡？」神答道：「你在園中若發現一串用草繩捆著的、寫有『福』字的銅錢，其下便是藏金處。」第二天，

沈濟之按夢中神示，真的發現草繩和『福』字銅錢，心中大喜，便著手挖地掘金，挖下去很深，什麼也沒發現。此後，沈濟之因沒有得到黃金長期精神抑鬱而患了精神病。除了古代這些因輕信夢的預兆的例子，現代人身上也有很多這種例子。這些事件具有幾個特點：一是自己本身對夢的知識一無所知，愚昧無知，以致成了迷信的上當者。二是沒有請解夢專業人士來進行科學的分析，或者不聽醫生等眾人的勸告，造成上當受騙的慘劇。因此，在解夢活動中要堅決反對迷信思想。

　　由於解夢的普及受到當代科學研究水準的限制，不可能把夢科學解釋得盡善盡美，完全達到夢者的心理要求。所以，一些迷信思想，給解夢造成了一些干擾，使一些迷信意識招搖撞騙，這就是街頭的陰暗角落裡那些算命先生存在的原因。

　　夢是睡眠中的正常生理現象，是大腦處於睡眠狀態下大腦皮質一定部位的興奮活動，同時也是一種潛意識的活動。做夢不是神鬼所託，也不是什麼「靈魂」出竅，不能把夢和人的命運、靈魂之類的東西糾纏在一起，更不能把

夢看成是預報吉凶、探知禍福的手段。

　　由於夢的特定作用，我們要從科學的角度去看它，不能否定、歪曲，更不能誇大它。只有這樣才能對夢境做出正確的解釋。不少人認為：「科學就是重複。」而科學解夢，就是採用目前國內外對夢學研究的成果與結論，從反映夢學規律（內涵或客觀）的方面，告訴大家去正確地理解和認識，而且隨著自然科學技術的不斷進步，夢的真實面目逐漸地被人們所認識。

　　為什麼說夢的真實面目逐漸地為人所接受呢？因為科學技術水準是有一定限度的，它不能完全並圓滿地解解夢中的所有疑問，而不斷地解夢與追求，正是科學解夢的永遠目標。

　　科學解夢的目的，首先就是要驅除迷信意識，然後是從現實的科學角度，以現代生理學、心理學、哲學、社會以及人與自然的科學方面，透過實驗研究與分析歸納，進而揭示夢的生理及病理等方面的自身客觀規律與內涵，達到並滿足人們的心理與軀體方面的健康需求。

解夢的實質是破除迷信

　　小菲剛剛和男朋友過完二十三歲的生日，卻整天也高興不起來。她描述了最近做的一個印象深刻的的夢：

　　「夢境中我去一個朋友家做客，他們夫妻倆都在。只是進屋就只看到他們家的臥室，其他房間都沒看到，因此覺得他家很小，而且滿牆掛的都是襪子，幾乎都是白色，中間有幾雙是紅色的，不過擺放得不是很規律。我看後很吃驚，問我朋友，她說她先生收藏襪子。她先生聽了，只是笑笑，也沒作解釋，算是默認了吧！接下來的鏡頭是我回到了公司，公司的劉姐叫我過去，說給我兩張過勞動節的票（她是從四張中抽出來兩張給的我）。我一看，是去看石窟佛像的票，在那票上印有佛像。票價是三十四元人民幣。我當時想這兩天挺冷的，過兩天等暖和了再去。不過因為是有兩張票，就想先看一眼，看好不好，所以自己就先去了。到了正門就遇見一個尼姑，說叫法迷，據她自

己介紹，好像是在她們那裡排行第三大，也算是個領導階層吧！還說她一直在等我。我說我有票，她說你下次來一提我就不用票了。我對她說只想隨便走走，她就走了。

我開始爬山，剛爬到向上五分之一的位置，就看到山上的人紛紛地在往下走，我感覺到起風了，要下大雨，而遊人們也這麼說，我也就沒再往上爬了。接下來是走在回家的路上，然後就被鬧鐘突然叫醒了，但這個夢我記得很清楚。

跟公司的同事一說，她說我夢到襪子是有財，叫我趕快去買彩票，我沒有相信。但我感到自己夢到了尼姑，所以感到非常地焦慮和不安，是不是有什麼寓意在裡面，是要讓我出家嗎？」

這個夢從表面上看，涉及到這麼幾個主題，首先表達的是夢者窺視到朋友家的祕密，發現自己朋友的丈夫是個「戀物癖」，喜歡收藏「襪子」。其次是自己沒有花錢就獲得兩張參觀石窟佛像的票，於是獨自一人去旅遊，途中遇到尼姑，似乎與佛有緣，後來因為天要下雨而返回家。

夢醒後，公司的同事認為夢到襪子是發財的象徵，叫

夢者去買彩票。而夢者自己認為，這個夢是暗喻著自己要「出家」，但是自己並不願意出家，所以夢者產生「夢到尼姑而有點不安」。仔細分析起來，公司的同事認為，許多的白襪子掛在牆上，其中還有紅襪子，就像彩票一樣，所以認為與中獎有關，其實這是一種牽強附會的理解，那麼是否與夢者自己所認為的那樣，夢見尼姑象徵著要出家入佛門呢？其實也不是。

有一點是相通的，這個夢境倒是反映出夢者潛意識中對錢財很注意，意外獲得參觀門票，沒有花錢可以參觀石窟佛像，認識了廟裡的三號人物「法迷」，將來還可以免費旅遊、參觀。其實，這個夢跟出家是絕對無關的。首先碰到的尼姑，告訴夢者將來可以搞關係、走後門，就不用買門票，這尼姑本身就私心未滅，塵緣未了，所以她的法名叫「法迷」。

夢者的年齡是二十三歲，這是個處於青春期的少女，害怕出家當尼姑的實質是希望早點「出家」，這個家其實是「早點嫁人」，然而在內心，又害怕找不到自己可以信賴的人。自己的好朋友找了個喜歡「襪子」的丈夫，暗喻

著性生活的不如意，喜歡襪子是「戀物癖」的表現，另外襪子從音調與「沒子」相關，暗喻著「沒有兒子」之意。當然這也暗示著夢者可能是個「窺視欲」，進入朋友的臥室，發現朋友丈夫的「戀物癖」，害怕自己將來在婚姻方面也會出現不如意的結果。

總之，該夢境顯示出夢者青春期的幻想，對戀愛的嚮往和焦慮性，對自己的前途比較關注，害怕找不到合適的對象，害怕會上當、受騙，不及時地找對象，最後真的會出家入佛門。所以解夢師建議夢者應該破除迷信、解放思想，加強交往、改善壓抑。

那些具有焦慮氣質的做夢者，儘管他們每個人都非常喜歡讓別人對自己的夢進行分析，但是他們在分析的過程中，總是看事物的陰暗面，凡事好朝壞的方面去想像。

就好比是一般的人，在遇到狗時就會想到，狗是會咬人的，所以對狗總是提心吊膽的，但是狗並不是見到任何人都要咬，只要你自己不去激惹牠，一般來說，狗是不會咬人的，反而是怕人的。但是，對於具有焦慮氣質的人來說，他們一見到狗就認為「狗要咬我」，所以在平時，他

們對什麼事情都非常地敏感、緊張、焦慮。對這類人進行夢境分析時，則必須採取循序漸進的方法，透過啟發他們的回憶和聯想，來改變他們錯誤的思維方式，即認為天下烏鴉一般黑。

當他們遇到某些挫折而在情緒上不能自拔時，我們可以透過夢的分析，轉移他們的注意，使他們能夠樹立戰勝困難的信心和決心，輕鬆愉快地度過幸福生活每一天。

解夢的三種目的

　　世界上每個人都會做夢。每一位做夢者，當他（她）醒來以後，都希望能對所做的夢作出解釋，並想知道夢究竟告訴了他什麼。因此，解夢是十分必要的，總結一下，解夢的目的主要有以下幾個方面：

　　一、解夢可以滿足做夢者的心理要求。

　　佛洛伊德認為，夢是願望的實現與滿足，可以平衡由於白天而不能達到的不平衡的心理。

　　尼采也說：「夢是白天失卻的快樂與美感的補償。」

　　阿德勒曾指出：「個人由於環境不如意而導致的自卑感，可以在夢境裡找回補償。」

　　在夢中，一可滿足我們的憎恨願望，二可避免我們白天真做出意外的事情來。

　　二、解夢可以提高警惕，加強自我防範意識。

　　有時解夢可以使人心理上得到滿足，但有的夢解下來

並不能令人滿意，甚至十分不滿意。這就需要我們提高警惕，使事情儘量不向更壞的方面發展。

有這樣一個青年，工作順利。他夢見和一位女性有曖昧關係，被人發覺，非常尷尬。他找到一個解夢的醫師，這位醫師告訴他：「你可能有不少的朋友，其中當然也可能有女性朋友，夢乃日間思與行。所以，此夢並不是預兆將會出現什麼不幸，你也不要為此夢憂慮害怕，只是奉勸、提醒你，與女性朋友交往要適可而止，你的潛意識在提醒你：人言可畏。」

三、解夢可以培養和加強分析能力。

解夢是一項十分辛苦的腦力勞動，如果沒有一定的分析辨別能力，那是不可能把夢解析好的。因為解夢不僅要求你博學多識，善於分析，而且解夢是一門涉及很多學科的藝術，只有長期的培養與鍛鍊，才能達到較高的境界與較強的分析能力，達到去偽存真，「認識廬山真面目」的本領。

解讀夢的象徵性語言

　　我們大多數的夢境裡，許多內容都是讓我們去「看」的，因此夢中的景象大多都是用象徵性的東西來表達，象徵就是用一個形象表示一種意義。

　　在中國，美麗的鮮花代表著美好生活的象徵，所以常用鮮花來讚美女人的美麗，而且女人也常常把漂亮的鮮花作為頭飾來裝飾自己。但是，花本身為植物的「生殖器官」，並且是作為繁殖的需要表現自己的，而人拿它作為自己的象徵不也與性有關嗎？因此，佛洛伊德說：「花卉象徵女性生殖器。」

　　當然，實際夢者的背景怎樣並不這麼簡單。因為有許多象徵的意義是你不知道，也不能知道的。這些象徵是夢者獨創的，只有他自己才能說清楚是怎麼回事。這種「夢的詞彙」我們只好猜測或從旁側摸索其意義。

　　有的時候夢者把一個普遍的象徵意義加以修改表示一

個特殊的意義，有少數時候夢也說謊，也就是說，它是個多義詞。所以我們在理解象徵時，也必須聯繫整個夢，聯繫夢境的上下及夢者的生活背景，才能準確地瞭解或者說明、理解夢中象徵的意義。

佛洛伊德研究發現，夢中以象徵來表現的事物的範圍並不多，主要有「整個人體、父母、兒女、兄弟、姐妹、生死、裸體以及除此以外的其他東西」。研究指出，人夢中的象徵都是為能使白天的「清醒我」理解或認同而精心設計的。佛洛伊德在解夢中，最為重視的就是象徵法，用得最多的也是象徵法。

佛洛伊德還曾指出：象徵關係並不是夢所特有的，它也廣泛見於神話、俗語、民歌、詩歌之中。他借用一個病人的幻想：世間必有一種所謂的「原始語言」，所有這些象徵都是這種原始語言的遺物。其實，象徵無處不在、無時不在。在夢中更是如此。

夢是一種被人類遺忘的語言。就是說夢是人類早期共同擁有的原始語言，這種象徵性的語言對人類來說，仍然具有廣泛的意義。

　　一個夢的唯一確定有效的解釋是自己的解釋，即使有時可以請其他講同一夢語的人來幫助，也還是以自己的解釋為主。

　　比如說，對於下列夢的解釋可以有不同的結果：如果夢者夢見自己搖著漁船，釣到一條巨大的魚，類似的夢境要視具體情況具體分析。我們首先要來判斷夢者是不是漁夫，如果是，那麼夢意可能暗示了他的工作狀況。如果不是，那就存在一個問題，即夢者是否有能力取得成功以及他對夢境究竟有何感受。這就表示，雖然夢具有共同的象徵性，而對於不同背景的人來說，則具有個性化的意義。

夢有哪些意義？
潛意識想告訴我們什麼？

夢有哪些意義？潛意識到底要告訴我們什麼？其實，夢是非常個人化的，潛意識依照個人的生活習性及精神慣性為你演出。例如，愛海的人會在夢中出現海邊以象徵對某人的思念，怕野生動物的人會在夢中看到不知名的野獸以象徵恐懼，認為走鋼索是最令人心慌意亂的人，會在每一次身心混亂到極點時都夢到在濃霧中走鋼索。

夢的意義可以從以下幾個方面來理解：

一、啟發性的夢。

這種夢多發生在凌晨兩、三點鐘左右，較抽象，不易懂，但對破除人生的執著，有積極的意義，許多人生的難題可以在此迎刃而解，但多為我們忽略，例如，許多發明家即在夢中得到啟示。

二、調整型的夢。

為了維持精神上的圓滿狀態，潛意識在此費盡心力來讓我們滿足，以獲得壓力的舒解。

例如，被工作壓得喘不過氣的人會夢見走入森林，呼吸著最純淨的空氣；長期缺少金錢的人將夢見主持一場豐盛宴會，或隨地撿到鈔票；祈求神佛的人會在夢中見到極樂世界；而對於疾病，夢也會提供具體的心理治療方法。

三、防空演習型的夢。

由於潛意識能預知到你即將碰見的情況，它會在夢裡先將之預演一遍，以便在你真正碰到時心理有所準備，而不致十分驚訝。

例如，以各種象徵呈現的恐懼，在空中飛翔的感覺，與死亡的面對等，當然也包括了那些具有重大意義，以後可能會去的地方和即將發生的事情。

四、展示矛盾的夢。

這類夢多發生在清晨四、五點鐘，亦即所謂的「日有所思，夜有所夢」，它會在夢中將最近發生的事情重演一遍，並點出矛盾之所在，以幫助你走出困境。

五、清明夢。

清明夢是指雖然在睡眠的夢境中，卻仍保有意識的知覺，清楚地知道自己正在睡覺正在做夢。所有的夢都富含意識的運作，意義深遠，趣味無窮，當夢在醒來之後能夠被清楚地記得，則意味著潛意識的視窗已被打開。

　　夢都是有意義的，學習瞭解自己的夢境，是接近潛意識的重要步驟。

　　嘗試去分析夢，找出其潛在的意義，並與現實生活中的種種進行比較，可以從中找到一些軌跡以逐步走進自己的潛在世界。

解夢可以看透自己的精神嗎

　　如果把我們心靈的領域比做一座園林的話，這也許應該說是一座夜間的園林：除了在一間房子裡亮著燈以外，樹林、池塘、草地和假山都處於黑暗之中。

　　借助淡淡的星光，我們可以隱隱約約看到房子外的事物，但是那一切都是變形的，樹木像高大可怕的人，池塘閃著奇異的光澤，假山的洞穴更是神祕。亮著燈的房子是我們的意識，對意識中的思想我們很清楚。房子外黑暗的區域是我們的潛意識，是我們自己也不很瞭解的那部分心靈，是我們內心深處那些潛藏著的情感和意念。

　　許多人誤把亮著燈的房子當成了他的全部心靈，他以為他完全瞭解自己。但是，有些時候，他也會被一種難以控制的情感左右，而他卻不知道這情感的由來。

　　他會奇怪的說：「我今天是怎麼了，為什麼為這麼一件小事我會如此憤怒？」

他不知道，雖然他否認房子外的事物的存在，但是樹林裡的風聲會傳到房子裡，房子裡會偶爾爬進小蟲子，甚至連蟒蛇也能夠從管道進入房子，不論你是否承認潛意識的存在，潛意識中的東西都會對你產生影響。

　　而解夢或許可以說是一個手電筒，解夢可以幫助你看清你內心中那看不清楚的一切，有時，甚至可以將它比做月光，可以照徹你的內心，使你在這一時刻真正完全瞭解了自己。

　　一次，一個十八歲的男孩對我說了這樣一個夢：「一隻小鳥被我踏在腳下，我想抓住牠，想捆住牠的腳。不料我一拉，竟把牠的頭和皮拉掉了，血肉模糊。我還記得我威脅牠：『你跑就把你餵貓。』」

　　我馬上就猜出來了，「小鳥」指的是他的女友，但是出於慎重，我只說：「小鳥指某一個人，這個人在某方面像個小鳥，你身邊有沒有一個使你想到小鳥的人？」

　　「有。」

　　他說：「她是一個小鳥依人似的溫順的人。」

　　「這個人會飛走或跑走。」我說。

「對。」他說：「我很擔心她離開我。」

「於是你想捆住牠的腳，但是你無意中傷害了她。」

「真的是這樣，我應該怎麼辦呢？」他問我。

其實，他的夢已經指出小鳥想飛走的原因，他把「牠」踏在腳下。經過解夢，他可以明白這樣對待牠的後果是傷害了「小鳥」，而只要他不把「牠」踏在腳下，「小鳥」就不會想「逃走」。假如不解夢，他就得不到這個啟示，解夢能認識到他在戀愛中錯在了什麼地方。

有些時候，夢作為來自內心的獨白，可以幫助我們選擇人生的道路。夢使我們能洞察自己的內心，知道什麼是自己真正的需要。在我們面臨重大選擇時，我們的夢可以給我們啟示。

夢境對每個做夢者來說，說明了什麼？

這是從古到今，大家都感興趣的問題，由於夢的「神祕」性，使東西方的任何國家，任何民族，對夢的認識都經歷了一個從迷信向科學發展的過程。

在古代，人們把夢看做是神靈的啟示，天意的徵兆，有關夢境的解釋都是在迷信觀念的支配下進行圖解。一直到二十世紀初，佛洛伊德寫作了《夢的解析》一書，還有美國芝加哥大學的亞瑟萊因斯基博士等，意外地發現人睡眠中的眼快動與夢境的關係之後，夢的分析、解釋才成為一門科學。

但百年來，對於夢現象依然是眾說紛紜。真所謂夢好做，難分析，即使是夢境基本相同，如在夢中被人追趕，夢見蛇，夢到牙齒掉落等，對不同的人卻會產生不同的感覺和體驗；即使是同一個夢境，不同的解夢師除了基本的

象徵意義解釋相通外，在許多方面會作出不同的解釋。

　　當然有關夢境的分析，絕不是「公說公有理，婆說婆有理」，科學地理解夢的含義，還是有一定的規律、客觀標準可循。要使夢的分析治療正確、可靠，一般取決於兩個方面，一是被分析者的充分合作，二是夢分析治療師科學的態度、扎實的心理學理論和熟練的分析治療技巧，兩者缺一不可。

　　在夢分析治療前，首先要充分瞭解這個夢的主人的情況，而後才能作出正確的分析與治療。

　　某工程學院的男生小李，臉上顯出一副詭異的神情來到分析室，隨手把門關上，坐下以後就對解夢師說：「醫生！我昨天晚上做了一個怪夢，夢中一隻綠色的狗咬了我的腳後跟，你看，我不騙你，牠確實咬了我一口。」說著就脫下了自己右腳的襪子，解夢師果然看到右腳跟有一出血的傷疤。

　　顯然這是一個非常奇妙的現象，但解夢師並不是馬上就進行分析，而是進一步啟發說：「我不相信迷信，但是我感到奇怪的是，你在夢中夢見的是一條綠色的狗咬你，

我所知道的狗的顏色有黑色的、白色的，或者花色的狗，綠色的狗沒有見過，不過不要緊，因為這是個怪夢，我們只能一點一點來，首先你可以想像一下，你從綠色入手，會聯想到什麼？」

小李閉著眼睛想像了一會兒說：「從綠色我想到環境保護，綠色革命……會想到青草……想到綠色的烏龜、王八，男人戴綠帽子……噢！我想起來了，這腳跟的傷口是怎麼來的了。昨天是星期一，我晚上玩電腦睡晚了，早晨起來就晚了，因為害怕遲到，所以從家裡騎著自行車拼命地踩，趕去學校上課。但是當我快騎到路口，看到前面十字路口的綠燈一閃一閃的，我感覺到馬上要變紅燈了，於是拼命地踩，想搶黃燈，但是騎到十字路口時，紅燈一下子亮了，我只好來個急剎車。哪知道後面的摩托車也搶黃燈，結果沒有闖過去，後面的摩托車卻把我的腳後跟撞了一下。後來我就和他爭吵起來，結果他給我一千元讓我去醫院檢查一下，就這樣和解了。我當然沒有去醫院，直接回到學校去了，也沒有什麼。」

「晚上時，想到早晨白白地獲得了一千元，好像是發

了意外之財一樣，於是就請幾個要好的朋友相聚一下，我請客，但是吃完付錢的時候，發現那一千元不見了，而且我自己還有一千元是和這錢放在一起的，也丟了，真是偷雞不成蝕把米，我感到很沮喪。」

解夢師說：「所以到晚上，你夢到綠色的交通燈變成了綠色的狗，這夢境象徵著你的失敗，晚上睡眠時，可能你腳上的疼痛傳遞到大腦，於是大腦編輯出了這個怪夢，正所謂貪心沒好處。」

這是一種興趣和好奇的析夢者，他們往往抱著對分析夢的興趣或出於對析夢的好奇來作夢境的分析，這類人對自己夢境的描述，常常表現出兩個極端，有的人會非常詳細地描述夢境的每一個細節，有的人則非常簡略地表達夢境，甚至是一句話，「我夢見一隻貓，其他情節記不起來了！」這似乎是來考核解夢師的能力，但是有一點是明確的，這類人所提供的夢境，往往具有新穎、奇特、樂趣的特點。作為解夢師在瞭解這類夢境時，一定要認真、仔細地傾聽，在分析、解釋時不要急於求成，最好採取循序漸進的方式，所謂「剝筍式」分析法。

分析夢的主導思想就是，透過分析過程來解解夢的實際意義，啟迪夢者對解夢的領悟力，如果夢者對分析、解釋不理解、不認可，甚至產生分析歸分析、解決歸解決，認為夢的分析對自己無所幫助時，作為解夢師也不要採取強加於人或強求於人的態度，而是要以鼓勵為主，啟發他們對夢的科學認識能力。

　　在小腿骨上走路的夢境——抱著懷疑的析夢者湯某，男，二十七歲，初中學歷，出生於文化落後的窮鄉僻壤，因為搶劫罪判刑二十年，現在已經服刑八年，在監獄裡洗心革面。為了改變自己，他參加了「心理健康教育」專科自學考試，想研究心理與行為科學，自認是黏液質性格。學習過的書是《心理學導論》、《人體解剖學》、《發展心理學》、《人際關係心理學》等，還想學習博弈論。在一次諮詢活動中，他向解夢師描述了自己的夢。

　　這是我少年時期經常出現的一個夢，大約在七至十五歲期間，我夢見自己行走在一根懸浮在半空的大骨頭上，從一端走向另外一端，這根骨頭我懷疑是人的脛骨（小腿骨），有時在這個夢境以後，立即發現自己在高高的橋中

間行走，兩邊沒有任何的隔欄，所以走著走著會突然掉進
滾滾的水流裡，便驚醒過來。有時在做夢的過程中會夢魘
般地亂叫，或夢遊，在小範圍內亂跑一陣。有一次，做了
上面那個夢以後，接下來的夢是自己的身體迅速膨脹，先
是腦袋，然後身體，最後被炸成粉碎，肉、血滿地都是。

　　我看了佛洛伊德的解夢，說夢和現實都有因果關解夢
難道我小時候的夢在預示著什麼？假如我的潛意識中真有
某一種不良因素存在，我至少可以警惕和預防。

　　這個夢顯得有點怪異，但顯然是一個噩夢。對於一個
青少年來說，因為正好處於一種生長、發育階段，他們的
活動性比較強，幻想性也比較強烈，所以在夢的表達方
面，做在天空中飛，遇到妖魔鬼怪，跟敵人鬥爭的夢是比
較多見的，當然也會出現面臨險境。這個夢所表達的就是
在高空中行走，令人感到與眾不同的是，夢者是「行走在
一根懸浮在半空的大骨頭上，從一端走向另外一端，這根
骨頭我懷疑是人的脛骨（小腿骨）」，多數青少年在夢中
會夢見死人，或夢見人體骷髏，這是恐懼、害怕的象徵，
潛意識中害怕死亡。

夢見在人的小腿骨上走，至少是一種怪異的夢象，提示著夢者走了一條與眾不同的路，在小時候就與眾不同，而且這個夢經常出現，說明在那個時候夢者就經常出現焦慮，後面的夢境表現出掉落在滾滾的水流裡，顯然也是一種失敗或挫折的象徵。

　　需要注意的是，夢者在夢的過程中「出現夢魘般的亂叫，或夢遊，在小範圍內亂跑一陣」這一點值得懷疑，夢者的腦子是否存在問題，夢可以說提示了夢者今後的不良狀態。

　　作為罪犯，透過自我改造，又學習了許多心理學方面的知識，在犯了法，受到懲罰後再去回憶小時候的夢境，「最後被炸成粉碎，血、肉滿地都是」，顯示出今後會身敗名裂，好像夢具有預見或預警作用，這是一種牽強附會的說法。但是做這類噩夢的人，提示腦的功能可能存在問題，癲癇、局部腦損害，嚴重的會導致人格方面的扭曲，對此還是具有一定參考價值的。反過來考慮，作為罪犯的夢者，小時候在這類夢境的告誡下，如果走上了一條循規蹈矩的路，那麼，也不至於會走到今天這一步。

夢是一個警報器嗎

　　夢可以說是一個警報器，或者說一個忠實的朋友。當你生活中有什麼危險時，夢就會提醒你。這裡所說的危險也不一定是多大的危險，只要是對你有害的事物，夢都會時時提防。

　　某大學生夢見自己躺在床上，同寢室有個同學站在床邊。他可以看見這人的臉，印象深的是這個人的高鼻子，而且鼻子有點紅，好像在發炎一樣。這人正叼著根菸，而在實際生活中這人是不吸菸的。

　　根據分析，夢中的高鼻子同學實際上是夢者自己的化身。高鼻子代表什麼呢？夢者有鼻炎，而醫生告訴過他，如果吸菸多會使鼻子流血。夢中讓自己的化身的鼻子被強調出來提示鼻炎，鼻子紅表示流血或表示發炎。而為什麼用這位同學代表自己？因為這位同寢室同學以前也吸菸，但是現在戒了。因此這個夢就是一個警示：如果你再繼續

吸菸，你就會鼻炎加重，鼻子流血。某某以前也吸菸但是他戒了，你應該和他一樣。

榮格講過一個夢例：一個登山者夢見自己越攀越高，直到山頂又往上攀，結果攀到了半空中。這也是警示，警示他會「上天」。古人陶侃，即著名詩人陶淵明的祖父，曾經做過一個夢：夢見壁上掛的梭子變成燕子飛上天。又夢見他自己飛上天，看到天門有九道，他走進了八道，只剩最後一道門。他要進門時，被守門者打落到地下，一翼被打傷。醒來後他的臂上仍然很疼痛。陶侃自己解釋夢見上天代表想當皇帝，被打落在地代表失敗。因此，在據有八州兵馬，有實力去爭奪帝位時，他決定還是不做為好。

雖然陶侃相信此夢是種神靈啟示，但是他對夢的意義的解釋是對的。夢，即他心中的思想來信告訴他，不要輕舉妄動，企圖上天，如果那樣做，你將會被打落在地。

不要忽視夢的警告，夢比我們更細心，它會看到我們所忽視的事。夢不會被野心、被貪婪所蒙蔽，夢會更清楚地看到真相，聽從它的警告會使你避開即將到來的危險甚至災難。

解夢是洞察夢者內心的途徑

　　解夢可以使我們洞悉別人內心，一是我們自己的夢，二是別人講述的夢。

　　我們自己的深層自我（或者說潛意識）比起我們意識中的自我來說，要敏感細心得多。因為這個深層自我可以注意到別人的許多的細微的特徵和不引人注意的言行，並且根據經驗從這些小的地方去推斷這個人的品行。有時，我們初見一個人就莫名其妙地不喜歡他，我們自己說不出理由，甚至我們相信這個人是個很好的人，但是在心裡就是有點不舒服。

　　其實，這就是深層自我作出了判斷，它根據一些細節判斷，這個人不好。這種判斷一般被稱為直覺。一般人不太願意相信直覺，因為直覺說不出理由，但是事實證明，直覺往往是對的。

　　在夢裡，我們的深層自我對一個人的判斷和評價會明

確地用一個形象表現出來。如果會解夢，我們就知道，我們內心解夢怎麼看這一個人的。在《夢的精神分析》一書中，弗羅姆舉過這樣的例子。

做夢者在做夢前，碰見過一位顯赫的要人，「這個要人素以智慧及仁慈為人所知」。做夢者拜訪他時，深深地為他的智慧及仁慈所感動。他逗留了約一小時後才離開，內心有種得以瞻仰一個偉大而仁慈的人之後的喜悅感覺。這天晚上他做了一個夢。

「我看到某先生（那位要人），他的臉和昨天所見的非常不同。我看見一個顯露殘酷及嚴厲的臉孔。他正哈哈大笑地告訴別人，說他剛剛欺騙了一個可憐的寡婦，使他失去了最後幾分錢。」

對這個夢的分析顯示，做夢者在夢中有更敏銳的洞察力，看穿了某的真面目，或者說看到了面具後面的臉。以後的觀察，證實了某的確是個無情殘忍的人。

弗羅姆舉出的第二個夢例像是個預言性的夢：

有一次，A與B見面，以討論彼此在未來事業上的合作，他對B印象深刻而良好，因此決定把他當作自己事業

上的夥伴。見面後的當晚，他做了這個夢：「我看見B坐在我們合用的辦公室裡。他正在查閱帳本，並篡改帳本上的一些數字，以便掩飾他擅用大量公款的事實。」在A與B合作一年後，A發現B的確做了這種事，擅自侵吞公款，並塗改帳本。

　　A的夢，同樣反映了對他人的理解和洞察。別人講述他的夢，更是讓我們瞭解他的一個極順暢的途徑，它可以讓我們看到他不加掩飾地暴露出來的內心世界。因為人們雖然不願意對別人坦白內心，卻不在意給別人講一個自己的夢。因此，作為心理諮詢和治療工作者，懂得解夢是十分必要的。一個夢所解夢的，也許比你幾次諮詢中所瞭解到的還要多。解夢技術的使用可以使心理諮解夢治療專家節省諮詢時間，減少錯誤診斷，同時，為來訪者分析解夢的過程也可以成為一種心理諮詢和治療，可以起到讓來訪者提高自知力的作用。

　　心理諮詢和治療工作者使用解夢技術，還有這樣的好處：解夢可以激起來訪者的興趣，解夢更好合作。

　　因為中國的民眾對夢有種傳統觀念，認為夢有預兆意

義，所以他們對解夢很有興趣。借助這種興趣解夢以讓他們講出夢來。

　　解夢可以繞過某些阻抗。有些解夢者在談話中盡力避免話題深入。一旦話題接近內心癥結，他們就會把話題引開，或突然情緒激動使諮詢者無法繼續詢問，或乾脆拒絕回答問題。在這種時候，可以用解夢去瞭解他的癥結，由於來解夢者不瞭解夢的意義，他們可以容易的說出自己的夢，暴露出他們不敢暴露的內心。一旦透過解夢揭示了部分癥結，來訪者解夢會不再掩蓋它。

　　解夢還可以增加來訪者對心理解夢工作的信任。如果心理諮詢工作者能恰如其分地解夢，來訪者就會對心理諮詢解夢能力產生信任。

　　由此看來，破譯夢是很有用的技術。那麼，我們何妨花上一點時間，認真地研究一下這種技術！

如何把握解夢的原則

在判定夢報告可信的基礎上，我們還有判定對夢的解釋是否可靠是否準確的原則。用什麼方式才能夠判斷解析的夢是否正確呢？判定一個解釋的正確程度，有這樣幾個原則。

原則一、解釋本身應該沒有內在矛盾，至少可以說明夢的部分內容。

也就是說，夢的解釋至少要能自圓其說，言之成理，要能把夢的大部分內容都加以說明。如果一種解釋能說明夢的所有細節的意義，那就更好了。例如佛洛伊德的病人的夢：

「夏天，我正走在街上，戴著一頂形狀奇特的草帽，中間部分向上彎曲，帽沿部分向下垂落，而且一邊比另一邊垂得更低。我心情愉快並充滿自信，當我走過一些年輕軍官身旁時，我心裡想：你們都不能對我怎麼樣。」

佛洛伊德解釋：「帽子實際上是男性生殖器官，它中間部分隆起，兩邊部分下垂。她的帽子或許特別應該假定為一個男人，而且最終一個人會說：『鑽到帽子下去。』」（在德語中）這意思就是結婚去。……因此如果她的丈夫具有這樣完好的生殖器，她就不必害怕那些軍官。這就是說，她並不希望從他們那裡得到什麼。」佛洛伊德對這個夢的解釋完全可以自圓其說。而且所有細節都得到了解釋，對各個細節的解釋能相互聯結成為一個整體。帽子是生殖器，這可以說明帽子為什麼中間隆起，兩邊下垂。夢中的「你們都不能對我怎麼樣」，指軍官們不能誘惑她。這和前面對帽子的解釋正好可以相互聯結。因此，這個解釋有一定的可靠性。

　　這個原則和科學家提出理論時所用的原則本質上是一樣的。如果一個物理學家提出一個理論，它可以解釋絕大多數物理現象，我們就接受這個理論，說它是正確的。夢的解釋就是一個微型理論。

　　好的物理學理論應該用最少的定理說明最多的現象。好的夢的解釋也一樣。好的物理學理論力爭統一，好的夢

的解釋也一樣。上例中佛洛伊德用一個性象徵解釋了夢中的所有細節，這個解釋應該說是很好的。

但是，僅滿足這一原則，還不能說這個解釋就一定正確。一個好的解釋至少要部分滿足第二個原則。

原則二、夢的解釋應該能說明夢與夢以外的刺激或生活事件的關係，並能推斷或預測這些刺激或生活事件。

這個原則也類似於物理學中判斷理論好壞的原則。好的物理學理論應當能預測未發生的物理事件。好夢的解釋也一樣可以推斷或預測未知的內容。仍以佛洛伊德對「帽子」一夢的解釋為例，佛洛伊德之所以堅信他的解釋是正確的，還有兩個理由：

一、做這個夢的婦女有廣場恐怖症，她擔心獨自外出會受到男人的誘惑。夢的主題是：「如果我丈夫生殖器完好，我就不會害怕誘惑。」顯然夢的主題與這個婦女現在為之煩惱的廣場恐怖症關係極為密切。

二、根據解釋，帽沿應該代表睪丸。夢裡帽沿一邊比另一邊垂得更低。而這個婦女後來證實說，的確她丈夫的睪丸一個比另一個要低。這種外在證據很有說服力，據筆

者的經驗，只要透過解夢推斷出做夢者的一件事，解夢就會很信服地接受這個解釋。

有這樣一個夢，一個女士回憶起她在十幾年前曾連續做同樣的夢，夢見她趕火車，當她到達車站時，火車剛剛開走。她覺得可能當時她正面臨一個機會，而她十分擔心自己趕不上這個機會。那時她正面臨著一個改變自己命運的機會或轉折。

這時候，她正打算去北京工作。一個同學去了北京，告訴她那裡很好，但是她擔心已經錯過了機會，北京已經沒有多少就業機會了。當時我認為這個夢不吉利，很厭惡它，連夢裡穿的那件衣服我都不願意再穿了，那件衣服是北京的朋友送給她的，就是那個勸她去北京的同學送給她的。直到後來，她才知道這個夢是怎麼回事。

三、夢者聽了解釋者的解釋後，應該感到這種解釋有道理，甚至產生恍然大悟的感覺。

夢者雖然自己不能解釋自己的夢，但是卻可以憑「直覺」判斷出某種解釋是否正確。因此，如果對夢的解釋很準確，夢者就會說：「對，你解釋得有道理。」或說「我

明白了。」有些時候，夢者會產生恍然大悟的感覺，並且告訴你：「我完全明白了，太對了。」在這種時候，夢者會對這個解釋堅信不疑。

因為夢者潛意識中是知道這個答案的，只是他自己無法讓這個答案進入意識而已。正確的解釋一旦出現，夢者馬上可以識別出來。並且正確的解釋可以讓意識和潛意識「打通」。

有些時候，夢者聽到一個解釋後堅決反對，堅決不承認這個解釋是正確的。這並不說明這個解釋一定就錯。如果夢者反對時情緒平和，那麼可能這個解釋的確有錯誤。但是如果夢者反對時情緒過分激動，否認得過分激烈，那麼這個解釋也許反而是正確的。這說明這個解釋擊中了夢者的要害，揭開了他的傷疤，展示了夢裡不敢面對的內心中的事實。

夢者隱約意識到了這個解釋是正確的，但是，他害怕讓別人看到他的內心，也不敢讓自己面對自己的內心。出於恐懼，出於自我保護，他才激烈地否認這個解釋。

至此，這裡羅列出了許多原則，用以判定夢報告和夢

解釋的可信度，初看起來，這頗有些煩瑣，但是不得不這樣說。如果你不提出任何原則就說你相信夢是有意義的。那這不過是你的一種見解，或甚至不過是一種迷信。

但是，當你列出了這些原則，並且依靠它們對古今文獻上的夢例進行檢驗，依靠它們對你自己所做的夢及其解釋進行檢驗，又對你所解釋過的那些別人告訴你的夢進行檢驗之後，你可以很有把握的說：大多數的夢肯定是有意義的。至於有沒有無意義的夢，這一點還無法肯定。

Chapter 4

解析關於日常行為的夢境

What Your Dreams tell You

夢見抽菸代表什麼

男人夢見菸，意味著過於在乎虛名，引發家庭糾紛。

少女夢見菸，暗示會嫁入有名望的家庭。

已婚女人夢見被菸嗆得喘不過氣來，暗示家裡將會增加人口。

夢見喝酒代表什麼

夢到自己在夢中拼命喝酒，不管是跟朋友還是獨自一人，這代表現實生活中會招惹是非。

夢中覺得已經醉了，暗示你的健康可能出了問題。

夢見談話代表什麼

夢見與長輩交談，表示夢者希望和朋友加強交流，有傾訴的情感訴求。

夢見自己與同輩交談，表示夢者希望廣交天下好友。

夢見自己與晚輩交談，表示夢者能很好的處理自己與周圍人之間的關係。

夢見看電影代表什麼

夢見所看電影的場面令人恐怖，暗示不要跟品性不好的人交往。夢見與戀人一起看電影，表示夢者渴望婚姻。

女性夢見看愛情主題的電影，表示其感情不順，沒有男朋友。

夢見讀書代表什麼

男人夢見讀書，能獲得愛情，愛情能得到成功。

夢見妻子讀書，會有好事發生。

女人夢見讀書，意味著會得到丈夫更多的寵愛。

學生夢見讀書，將能在考試中獲得優異的成績。

已婚女子夢見看書，會生一個有德有才的千金。

商人夢見看書，會擺脫困境。

夢中看書報，意味著知識的累積和學習的進步。

青少年夢見看書報，預示自己非常聰慧，又很努力，學習成績會越來越好。

成年男人夢見看書報，暗示能獲得愛情。

商人夢見看書報，意味著生意能成功。

夢見看書報時字跡模糊不清，或是書報掉落在地，暗示會有人對夢者搞小動作。

夢見敵人讀書是凶兆，敵人會聲威大震。

夢見讀歡迎詞，會名聲大噪。

夢見對聽眾宣讀自己的發言稿，一切努力都會落空。

夢見讀寫在地上的字，是不祥之兆，會有人搞陰謀反對自己。

夢見讀石頭上刻寫的文章，會智力超人，遠近聞名。

少女夢見看書，很快要嫁給一位有知識教養的男人。

已婚男子夢見看書，會喜得貴子，這個孩子日後成為一個遠近聞名的學者。

夢見讀好書，會名揚天下。

夢見讀壞書，會名譽掃地。

夢見有人讀書寫字是大吉兆。

夢見看別人讀書，會喜得貴子。

夢見讀小說代表什麼

　　夢見小說，要結交新朋友。

　　夢見讀小說，生意和事業都會很順利。

　　夢見借小說，要結交新人。

　　夢見寫小說是祥兆，做夢人會富有。

　　夢見和別人談論小說，自己會變的聰明能幹。

　　女人夢見向自己的戀人送小說，是好兆頭，能得到他的愛。

　　學生夢見讀小說或買小說，考試成績不理想。

　　工作人員夢見利用工作時間寫小說，會有增薪。

解析關於日常行為的夢境

夢見電報代表什麼

男人夢見接到電報，能得到意外的錢財。

已婚女人夢見收到電報，很快會收到父母贈送的禮物。

未婚男女夢見接到電報，不久舉行婚禮。

犯人夢見收到電報，不久會釋放出獄。

商人夢見接到電報，生意能獲利，生活會幸福。

商人夢見送電報，生意要虧損。

旅遊者夢見接到電報，旅行會成功。

夢見送電報，很快會遇到不幸。

夢見看時間代表什麼

學生夢見看時間，暗示學習成績優異。

商人夢見看時間，暗示會得到顧客的肯定與認可。

夢見自己正在看時間，暗示夢者知道時間就是金錢，會在工作中有所成就。

夢見別人正在看時間，暗示不要干擾他人。

夢見看電視代表什麼

夢見自己同家人一起看電視，表示夢者有人情味，想在事業上做出一番成就。

夢見看電視時突然停電，或者電視機壞了，暗示會在事業的頂峰突然受挫。

夢見看報代表什麼

　　女人夢見看書報，預示會得到愛人更多的愛。

　　青少年夢見看書報，暗示自己的聰明才智會讓自己學習好起來。

　　成年男人夢見看書報，暗示感情順利。

　　商人夢見看書報，意味著事業順利。

夢見敲門代表什麼

　　夢見聽到敲門聲，或是看見別人在敲門，預示著夢者將會成為富貴之人。

　　夢見自己在敲門，提醒夢者別和品性不好的人交往。

夢見嘮叨代表什麼

夢見自己嘮嘮叨叨、自言自語，表示夢者心有憤懣想發洩。

夢見別人在自己面前嘮叨，表示夢者人際良好，受人愛戴。

夢見喋喋不休代表什麼

夢見自己對朋友喋喋不休，表示夢者活潑熱情、人際交往好。

夢見朋友喋喋不休，暗示夢者與女孩交往時要注意小節，別出麻煩。

夢見呼吸代表什麼

夢見自己呼吸急促，暗示夢者要理智，不能莽撞衝動。夢見他人呼吸急促，表示夢者善良，體貼關心他人，人緣好。夢見自己正在均勻地呼吸，表示夢者當前精神狀態和生活都很美好。夢見朋友均勻舒暢地呼吸，預示著夢者朋友的奮鬥不久就會有所收穫。

夢見洗澡代表什麼

夢見洗澡水突然減少，表示夢者對自己性衰竭的擔憂。

夢見自己在澡堂裡做出拼命擦身的動作，表示夢者想自己來解決性愛問題。

夢見與別人一起洗澡，暗示夢者朋友中可能有品性不

好的人。

　　寡婦夢見洗澡，暗示想消除對以前愛人的記憶。

　　夢見洗澡水熱得厲害，表示現在已經有壞事來了。

　　夢見用冷水洗澡，說明夢者身體素質好，精神振奮。

　　夢見在蔚藍澄清的海水中洗澡，意味著夢者工作上會有突破。

　　夢見用熱水澆身淋浴，暗示夢者性欲強、旺盛。

　　夢見洗去污漬，表示希望洗澡可以消除自己的煩惱。

　　男性夢見女人洗澡，意味著夢者想與異性發生不正當性行為。

解析關於日常行為的夢境

夢見刷牙代表什麼

夢見自己早晨刷牙，意味著夢者精神振奮，身體無恙。

夢見自己中午刷牙，意味著夢者要多運動，提高身體素質。

夢見自己晚上刷牙，暗示夢者要學會舒緩自己的心境。

夢見牙刷，預示著你在尋找某種東西。

夢見用牙刷刷牙，表示想忘記一些事情。

夢見刷牙時牙刷折斷，預示夢者健康方面可能會有麻煩，已經治好的病，有可能再復發。

夢見洗手代表什麼

夢見自己在洗手，表示夢者將與良師益友交往。

夢見用污水洗手，暗示夢者交友需小心。

夢見用肥皂水不斷擦洗自己的手，而且總感到洗不乾淨，暗示夢者想洗脫以前所做的事給自己帶來的負罪感。

夢見打耳光代表什麼

夢見被人打了一個耳光，預示著夢者將來終會聞名天下。夢見自己打了別人一個耳光，意味著夢者要迫不得已的去接受一些來自他人的不公待遇。

夢見刮鬍子代表什麼

戀愛中的男性夢見刮鬍子，預示感情順利。

夢見自己正在刮鬍子，表示夢者會有好事發生。

夢見在理髮店裡刮鬍子，暗示得到朋友的幫助才能成功。

夢見梳頭代表什麼

夢見梳頭，代表問題的解決。

夢見梳頭，而且將頭髮梳理得很順，暗示一切煩惱都將消失。

夢見頭髮總是梳理不順，暗示夢者無力使自己走出困境。

夢見理髮代表什麼

女性夢見理髮，表示自己異性緣好。

夢見夜晚理髮，暗示夢者會有不好的事情發生。

商人夢見自己在理髮，暗示會財源廣進。

工作人員夢見自己在理髮，表示收入會增加。

男性夢見理髮，預示事業順利，財源廣進。

夢見白天理髮，暗示夢者收入會增加。

船員夢見在理髮，暗示在工作上會有突破。

理髮師夢見給別人理髮，暗示經濟上會有所改善。

夢見照鏡子代表什麼

夢見鏡中的形象清晰、正常，表示會有意外好事傳來。

夢見鏡中的形象模糊不清，暗示配偶會不順。

夢見和愛人一起照鏡子，暗示夫妻恩愛甜蜜。

男人夢見照鏡子，會交上愛撒謊的朋友。

夢見自己映在鏡子裡的影子，男人夢見自己映在鏡子裡的影子，會身體健康，壽比南山；少女夢見鏡子裡的影子，能找到稱心如意的夫君；已婚女子夢見自己在鏡裡的模樣，會更疼愛丈夫。

夢見得到了一面鏡子，病情會惡化。

夢見鏡子，理髮師夢見鏡子，生意會獲利。

已婚女子夢見鏡子，丈夫會愛上別的女人。

夢見手裡的鏡子掉在地上破碎了，大難要臨頭。

夢見織毛衣代表什麼

毛衣是編織愛情的前奏曲，預示著愛情運的趨勢。

女孩做夢夢見織毛衣，則證明你的新戀情正在萌芽，或許會有你中意的男孩出現。

男人夢見織毛衣，預示著工作上將會陷入某種重複的勞動。

夢見手機代表什麼

夢見用手機打電話，預示著將會跟親戚朋友聚會見面。

夢見手機出問題了，預示著可能會跟別人發生口角。

夢見買手機，預示著生活上自己將會結交新的朋友。

夢見縫補衣服代表什麼

　　縫補衣服是修復，代表了對錯誤的彌補，象徵著運氣的好壞。夢見自己補衣服，意味著好運。但如果夢見別人縫補自己的衣服，則意味著不肯為自己的錯誤負責，要遭到厄運。商人夢見縫補顧客的衣服，代表著良好的服務態度，生意會發財。夢見縫補仇人的衣服，則意味著讓對方認識到自己的錯，不再與自己為敵。

夢見發簡訊代表什麼

　　夢見發簡訊，說明你很想念你的朋友。
　　老人夢見發簡訊，想念家人。

夢見美容代表什麼

未婚女性夢見美容，暗示事業順利、愛情甜蜜。

已婚女性夢見美容，暗示一切順利。

夢見掃除代表什麼

掃除的夢，意味著將思維整理。

夢見掃除，表示夢者近一階段思緒較亂，各式各樣的想法交織在頭腦中，非常想整理一下自己的思緒。

夢見掃地或清掃某處，代表最近壓力很大。

夢見掃地掃的很乾淨，壓力將會消除。

夢見在家裡大掃除，意味著家庭裡可能出現矛盾，需要靜下心來認真清理一下家庭關係。

夢見化妝代表什麼

夢見化妝，你會有被騙金錢的可能性。

化妝有偽裝的意味，表示欺騙你的人正戴上假面具，所以特別要小心借錢給熟朋友。

夢見進入化妝室，有可能遭火難。尤其在旅行中要特別小心，儘量避免住高層的飯店，最好選佐低矮的旅館。

女性夢見使用或購買化妝品，乃是大好的象徵。

男性夢見使用或購買男用化妝品，也是好的喻示，若夢見使用或購買女用化妝品，則當心名譽受損而影響生意或職業，宜聽從建議，認真審視目前所從事的活動，或重新選擇合作的夥伴。

夢見塗油脂代表什麼

夢見浸泡在油脂中，預示你在旅途中會受到陌生人的關懷，對方雖然不是你結婚的對象，但是卻能使你體驗到愛人般的溫暖。

夢見在烹飪的時候給肉上塗油脂，表示你將會因為愚蠢和自私而使期望落空！

一個女人夢見為縫紉機上油，預示她的鋪張奢侈將招來煩惱！

夢到指甲油，代表自己會遇到麻煩。

夢見自己抹指甲油，則是預示著你的計畫會使自己很無奈。

夢見燒水代表什麼

　　夢中燒水，代表的是困難。

　　夢學專家認為，如果夢見燒開的熱水，表示夢者內心之中比較苦悶，正在為很多意想不到的事情而煩心。

　　夢見把水燒開，表示目前生活很坎坷，會遇到許多意想不到的困難很難題。

　　如果夢見燒開的熱水，表示夢者心中煩悶無處發洩。

夢見烹調代表什麼

　　未婚女士夢見烹調，表示不久就會有朋友請吃飯。已婚女性夢見親自烹調，表示愛人不久收入會大增。男性夢見自己親自烹調做菜，暗示想抓住機遇，取得成功。

夢見摔破碗代表什麼

　　夢見摔破碗，近期一定會有不如意的事情發生，也許是經濟上工作上的困難，也許和某些人的關係破裂。如果你正被一個巨大的煩人的問題困擾，那破碗也可以表示問題的解決或進一步更徹底的惡化。

　　夢見摔碎碗、破碗，這個夢預示著你的工作有個麻煩或者是父母有個驚嚇小災。

夢見休息代表什麼

　　夢見自己正在休息，暗示自己想休養，不想太累。

　　夢見自己在海邊度假休息，預示夢者經過艱苦奮鬥會取得成功。

　　夢見與愛人一起休息，表示夢者渴望輕鬆恬靜的生活。

夢見狩獵代表什麼

　　夢見自己去打獵，將會突然生病。

　　夢見和朋友一起打獵，意味著災難來自人際方面，通常是單位裁員，自己要被辭退。

夢見打鼾代表什麼

病人夢見鼾聲大作，表示夢者不久身體就會無恙。

商人夢見打鼾，暗示會在事業上擊敗競爭對手。

夢見自己在打鼾，預示著夢者女人緣不是太好。

夢見聽到別人在打鼾，表示夢者事業上會有變動。

女人夢見自己鼾聲如雷，暗示有自己的方法討好愛人。

夢見聽到鄰居鼾聲如雷，提醒夢者鄰居會令自己煩惱。

旅遊者夢見打鼾，暗示會破財。

夢見流汗代表什麼

　　夢見出汗，不祥之兆，是患病的預兆。

　　夢見自己流了很多汗，表示你非常疲勞，在精神和肉體上都很衰弱，預示罹患疾病。

　　病人夢見出汗，短時間內病情不會好轉。

　　工作人員夢見流汗，預示著最近工作壓力過大，需要好好休息。

　　一般做惡夢時，都會流汗。若是冒冷汗，則表示將罹患疾病。夢見自己汗流很多表示你非常疲勞，在精神和肉體上都很衰弱。這是罹患和生命有關之疾病的前兆，應特別注意。

夢見流淚代表什麼

夢見敵人流淚，預示將要上當受損。

病人夢見流淚，預示將會長期臥床不起。

男人夢見自己流淚，意味著遠離自己的妻子正在思念著自己。

離開丈夫的女人夢見流淚，表示丈夫在想念自己。

女人夢見別人流淚，表示將要與丈夫分離。

夢見朋友流淚，朋友會遺忘自己。

被判了死刑的犯人夢見流淚，可能不久要上斷頭臺。

夢見拋棄代表什麼

拋棄等於得到。

拋棄意味著對人對事不再耿耿於懷，從煩惱之中解脫出來。當你不再為它愁煩，它就會來找你，並且在你這裡可以穩定地留下來。所以，拋棄就是得到，你拋棄的不是某件東西，而是對那個東西耿耿於懷的心。

夢見被自己拋棄的物品，你就會得到，例如丈夫拋棄了妻子，預示他們的愛情會更加深摯。

在人際方面，拋棄的實際是雙方的矛盾和猜疑。

夢見拋棄了自己的妻子，雙方的愛情就會更加深厚。

夢見拋棄了自己的情侶，則意味著雙方感情已經成熟，可以喜結良緣了。

訂了婚的男女青年夢見捨棄了自己心愛的人，這是他們要喜結良緣的預兆。

夢見被朋友拋棄，生活將會遇到點麻煩。

夢見唱歌代表什麼

大聲唱歌是一種聲嘶力竭的狀態，象徵著痛苦。

夢見聽音樂（樂器聲或歌聲），是吉兆，能交好運。

男人夢見大聲唱歌，會遇到憂愁和痛苦，需要在言行上有所收斂。

已婚女子夢見大聲唱歌，意味著自己將承受分娩的痛苦，快要生孩子了。

少女夢見大聲歌唱，會應邀參加親戚的婚禮，

病人夢見唱歌，健康能恢復。

犯人夢見歌唱，會被釋放。

商人夢見唱歌，生意突然蕭條。

夢見別人唱歌，是祥兆，很快會有好消息。

夢見妻子唱歌，家庭會幸福美滿。

女人夢見自己在歌唱，但卻沒有聽眾，是不祥之兆，不久要撒手歸天。

女人夢見丈夫唱歌，不久會懷孕，能生一個男孩。

工作人員夢見聽歌唱家唱歌，是不祥的徵兆，會聽到不幸的消息。

夢見很多人在奏樂、歌唱，家裡年長者要去世。

夢見聽敵人唱歌，會聽到家庭女成員去世的消息。

夢見聽敵人唱歌，能降服敵人。

夢見聽妓女唱歌，會聽到家庭女成員去世的消息。

夢見和朋友一塊唱歌，是祥瑞，意味著做夢的人身體健康。

夢見唱哀歌，是吉兆，身體會強壯。

見歌舞者口舌至。意思是夢見唱歌跳舞，可能會有口舌之爭。

堂上歌樂主喪事。意思是夢見大堂有歌樂表演預示有喪事。

夢見在唱卡拉OK，表示你欲求不滿或對性渴望。

夢見大家為你鼓掌，表示你希望戀情能被大家認同。

當你祕密談戀愛時，也會夢見自己站在豪華的卡拉OK舞臺上高歌。

夢見跳舞代表什麼

跳舞主運。跳舞要踩著音樂的節拍，代表一切都在有條不紊地進行，是一種好運。夢見自己跳舞，意味著按部就班做事，就可以取得應有的成就，得到職位的晉升，好事將近。未婚男子會娶一位貌若西施的女子為妻。

夢見和戀人共舞，意味著雙方的愛情會日漸深厚。夢見別人跳，自己坐在一旁觀看，會有不幸的消息，也可能表示你現在對可能達到的目標挑戰心旺盛，要好好把握機會。夢見與女人共舞，會遭破產。夢見女人跳舞，要交好運、發大財。

女人夢見男人跳舞，會嫁給一位船長或首領。夢見在舞會跳舞，在性方面出現新進展。與異性的關係將發展到擁吻，將度過甜美的一刻。

見歌舞者口舌至。意思是夢見唱歌跳舞的舞蹈，可能會有口舌之爭。

夢見運動代表什麼

　　夢中的運動，是事業發展和感情熱烈的象徵。如果夢見田徑運動，意味著你的事業會有快速的進展。如果夢見球類運動，預示著你的感情情深意切、轟轟烈烈。如果夢見體操運動，表示你性生活變幻多姿、豐富多彩。

夢見奔跑代表什麼

　　這種夢通常由於極度的擔憂或是現時生活遭遇挫折時所產生。夢到被追趕而奔跑表示做夢者儘量想擺脫某種困難或壓力。夢見被小偷追趕，將有凶事發生。

夢見跑步代表什麼

夢見在草場上跑步，表示身體健康。

夢見參加障礙賽，不是好兆頭，工作上會遇到很多障礙。

商人夢見跑步，能賺大錢。

病人夢見跑步，會很快恢復健康。

囚犯夢見跑步，破壞獄規，會受到很重的懲罰。

旅遊者夢見跑步，路上會發生車禍。

夢見賽跑要遭厄運，事業會失敗。

夢見在沙路上跑步，會被指控犯了刑事罪。

夢見在石頭地上跑步，敵人會緊追不捨，企圖擊敗自己。

男子夢見跑步，事業會成功。

女人夢見跑步，表示賢淑能幹，能把家務事會安排得很有條理。

夢見逃跑代表什麼

逃跑通常是為了躲避不幸，你越是害怕不幸，不幸越會找上門來。

所以，夢見自己逃跑，意味著災難臨頭。

夢見被人追趕而逃跑，表示潛意識中你有著強烈的欲望，或是表示願望實現的可能性。

夢見逃走但被捉住，暗示將會得到很重要的東西。

夢見成功逃脫，表示工作或學習方面進展順利。

夢見自己落荒而走，表示會交好運。

夢見跳躍代表什麼

跳躍主強弱，跳躍代表了地位的升降和力量的強弱。

夢見自己跳高，會由於工作上的成績和職位的高升，而遠近聞名。

夢見往下跳，則意味著衰弱，可能會遇到疾病的困擾，需要注意身體。

夢見跳遠，意味著在競爭中可以發揮出超乎尋常的力量，挫敗自己的對手。

解析關於日常行為的夢境

夢見在水裡行走代表什麼

在水裡行走，會得到神的幫助。

犯人夢見在水裡行走，很快能自由。

病人夢見在水裡走，不久身體會健康。

夢見在水面走動表示戀愛會成功，有好的結果。

夢見站在水面不動暗示好友將有不幸。

夢見在海面上行走，這是在大組織或大團體功成名

利，令周圍人大吃一驚的徵兆。

夢見在橋上行走代表什麼

夢見行走險道者兆吉。

夢見在天橋（陸橋）上行走，遭遇交通事故的可能性甚大。尤其是在沒有斑馬線的地方穿越道而被撞等等，要特別小心。

夢見在鐵橋上行走，將有很好的休閒活動。計畫旅行的休閒活動，到時一定是晴空萬里，而且健康情況也良好。

夢見在橋的欄杆上行走，禮物將來臨。你夢寐以求的禮物，將統統得到，日子將過得很快樂。

夢見坐代表什麼

　　夢見打坐，表示自己的人生很順利，或者自己的兒女會成就非凡。

　　商人夢見打坐，表示自己的生意很順利。

　　夢見坐在樹上，則為事業失敗的前兆。

　　夢見坐於樹幹之上下不來，為事業破敗之前兆。

夢見做飯代表什麼

　　女性夢見做飯，表示對一切抱有熱情、感恩，生活美好。男性夢見做飯，暗示將來一切順利。夢見把飯煮糊了，表示夢者事業不順。

夢見躺臥代表什麼

夢見自己躺在床上，就意味著要得病，需要注意身體健康。 夢見臥床不起，意味著有疾病。 夢見自己生了重病躺在床上，表示你將會因禍得福，而且會遇上一個貴人，這個貴人會為你的生活帶來很大的幫助。

夢見躺在草地上，財運極佳。如果父親飯後心情很好，乘機好好服侍，也許可以拿到零用錢。

夢到自己躺在床上偷偷哭泣，心情很難過，這是一個大凶的夢，也是一個不好的預兆，最近的生活要留意一些，否則可能會遇上重大事故。

夢見你躺在一堆稻米之中，這是吉祥之夢，表示家中的下一輩將出貴人，以後的官階可能做到很高。如果夢見你們家的屋頂上長出稻子來，表示你們家本輩族人中將有人做官。

夢見飛翔代表什麼

飛翔是位置的升高，代表職位的提升。夢見自己飛翔，意味著升遷和生意上獲利。

女人夢見和陌生人一起飛翔，則意味著自己會離開丈夫、另攀高枝。

在空中飛翔的夢，表示你精力充沛，且人緣也會越來越好。你將受人注目。將開始從事新工作、精神飽滿。經過努力你在升職方面的願望將會實現。

戀愛中人和情人一起飛上天空，十之八九會獲得成功。

夢見會飛表示現在體力充沛，也暗示在現實裡有排除工作上任何困難的能力和自信。

夢見向星空飛去，表示將邁向新境界。

如果夢見飛，但飛不高則代表現實中的事未及你想像中的好，這只是你要求太高罷了。

夢見跌倒代表什麼

夢見跌倒，不祥之兆，會被降職。

工作人員夢見跌倒，會被辭職。

商人夢見跌倒，生意會一落千丈。

夢見跨越代表什麼

夢見跨越，最近會有好的機會，要好好把握。

商人夢見跨越，預示著最近有發財的商機，要好好抓住。

夢見游泳代表什麼

　　游泳強壯。游泳讓身體的每個部位都感受到水流。夢見自己游泳，就意味著身體的強壯。

　　夢見自己游過河去，意味著度過了一次考驗，事業將會取得成功。夢見別人游過河去，則會遇到困難。

　　夢見妻子游過河去，夫妻間會產生隔閡。

　　夢見朋友游過河去，會被朋友拋棄。

　　夢見游泳渡河，是吉兆，事業會成功。

　　孕婦夢見游泳渡河，會遇到困難。

　　夢見仇敵游泳渡河，能降服仇敵。

　　夢見動物游泳渡河，生意會順利。

　　旅行者夢見自己正在游泳渡河，旅行會圓滿結束。

　　病人夢見自己正在游泳渡河，身體不久會痊癒。

　　夢見在海裡自在游泳是成功之兆。夢見在游泳中遇到人，將有意外的場面使你尷尬難堪。

夢見登高代表什麼

登高者飛黃騰達，地勢的高低象徵著職位的高低。高處也有不好的一面，危險大，責任大，寂寞，高處不勝寒。

夢見自己登高，就意味著不再害怕高處的危險，為更高的職位做好了準備，所以在現實中將會晉升。

夢見自己坐在塔頂，塔有更多精神上的含義，這樣的夢就代表自己能成為精神上的領袖，成為人們的榜樣或偶像。

夢見自己爬到樹頂，樹的形狀更像現實社會的組織結構，這樣的夢代表著現實職位的升高，會成為具有領導才能的領袖人物。

夢見小便代表什麼

　　一般小便都是在睡眠中膀胱飽滿時，才會有這種夢。
但有時它也是一種凶兆。

　　夢見撒尿，是生病的預兆。

　　女人夢見撒尿，會受到歧視。

　　夢見在家裡面撒尿，一切困難都會過去。

　　女人夢見在家裡面撒尿，會成為出色的家庭主婦。

　　病人夢見在廁所裡面撒尿，身體會很快康復。

夢見大便代表什麼

夢見大便是大吉的。

夢見廁所的大便，也是吉利的。

夢見屎尿汙身主得財。

夢見大便滿地主富貴。

夢見失大小便主失財。

夢見挑糞回家大吉利。

夢見身上有糞便或踏上糞便，財運降臨你身，你會心想事成事事順利。

夢見衣服沾到糞便，金錢方面的運勢上升。

夢見黃色糞便是財富和富饒的象徵，如果其臭無比，更是吉夢。

洗手間內大便橫溢的夢，若用一句話來概括，這是招來財福的金錢夢。

自己掏糞的夢，這是個好夢。將給你帶來好運，你的

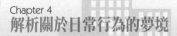

金錢運好轉。

夢見大小便弄髒你，這可是難得的好夢。

夢見大小便弄髒你的身體，暗示你將會得到一筆不菲的財富。

夢見自己掉進茅坑，這是難得的好夢。

如果夢中自己掉進茅坑裡再爬出來，將會萬事大吉。

如果夢見踩別人的大便後癱坐在地上，是凶兆，最好找高手點撥，以防不測。

夢見滿地的大便，這是非常好的夢，暗示富貴之神將會垂青於你。

夢見自己背著大便，很好的徵兆。

夢見自己背著大小便進屋，這是大吉大利的好夢。

夢見堆積成山的大便，與財運有著直接的關聯，你的事業或投資將會獲得令人矚目的成功。

夢見用手捏著大便，暗示正在進行的事業或投資一帆風順，不久的將來就會發大財。

夢見掉進茅坑後再爬出來，這是難得的好夢。現實中大便是人們敬而遠之的髒東西，夢中的大便卻截然相反，

它象徵財物。

　　夢見掉進廁所裡再爬出來，暗示將會生財。

　　夢見金黃色的大便向你撲過來，金黃色的大便象徵金錢，暗示你將會獲得大量的財物。

解析關於日常行為的夢境

夢見咬代表什麼

夢見自己用牙咬別人，預示著要報仇。

夢見自己又咬了一個人，是別人仇視自己的兆頭。

夢見被狗咬，將會受到仇人的攻擊，或患重病。

夢見咬斷手指，異性運會增加。

夢見咬斷手指後流血，財產會讓人騙走。

夢見被人咬，預示著要與人產生矛盾，但是結果對自己有利。

夢見撫摸代表什麼

被人撫摸象徵著寵愛，象徵著你良好的人際關係。

對於未婚男女來說，被人撫摸只是很小時候記憶的痕跡，說明你的人際關係非常好並讓你回憶起美好的兒童歲月。

夢見被喜歡的人撫摸，會得到愛情。

夢見被敵人撫摸，會和敵對勢力妥協，並贏得尊重。

夢見被長輩撫摸，不用擔心有任何人對你有意見。

女人夢見被陌生男子撫摸，說明你渴望愛情和性。

夢見足球代表什麼

　　足球的夢，代表的是意外的錢與事。

　　夢見自己在踢足球，預示著你會得到一筆橫財。

　　夢見別人在踢足球，意味著激烈的競爭。

　　夢見現場看足球比賽，表示以後的日子裡，會有意想不到的事情發生。

　　夢中踢足球不會帶來什麼，財富的取得不是足球所能踢來的。

夢見籃球代表什麼

籃球出現在夢中，是好運的象徵。

如果夢見自己在觀看籃球比賽，表示好的運氣即將來到你的身邊。在以後的日子裡，你的諸事如意。

如果夢見自己在參加比賽，表示你會全心全意地實施你的計畫，而且你會從中得到許多快樂。不要把全部的信念託付給籃球，人的命運要靠自己去把握。

夢見打排球代表什麼

夢見自己在打橄欖球或是排球，那麼，萬事會觸礁，困難將接踵而至。

夢見別人打排球，吉兆，預示著要繼承遺產。

夢見羽毛球代表什麼

　　夢中的羽毛球，代表的是快樂與友誼。夢中夢見羽毛球，表示你的心情很快樂，那高興的心情，就像飛舞的羽毛球。這個夢預示著你將擁有快樂的時光。夢中夢見在打羽毛球，表示你會結交幾個十分要好的朋友。這個夢意味看你會贏得真誠的友誼，夢中的羽毛球是打不到的，而現實生活中你卻可以打羽毛球，讓歲月在運動中增長。

夢見玩保齡球代表什麼

　　夢見保齡球，預示著身體會很健康。

　　病人夢見玩保齡球，身體會不久痊癒。

　　老人夢見玩保齡球，身體會很健康強壯。

夢見打棒球代表什麼

夢見棒球，吉兆，是光明和希望的象徵。

夢見打棒球，預示著前途一片光明。

夢見曲棍球代表什麼

曲棍球的夢，其含義要根據具體情況而定。如果夢見打曲棍球的場面很激烈，預示著你的奮鬥終將取得成功。如果夢見打曲棍球的場面很平淡，意味著最後的成功還將要有一段時間的等待。

草地上的曲棍球，代表的是你的事業充滿生機。

冰上的曲棍球，預示的是你的事業處於突飛猛進的發展之中。

夢見橄欖球代表什麼

　　如果夢見的是自己在做這些運動，那麼，萬事會觸礁，困難將接踵而至。若是在夢中比賽勝利，您的願望可獲實現；但若是輸了，則是警告您的雙親將有變故。

夢見打高爾夫球代表什麼

　　夢見玩高爾夫球，或是看球賽，表示有一個願望促使你全心全意去實現它，你不但可以成功，而且從中得到許多歡樂。

　　夢見跟高爾夫球有關的不愉快的事情，表示會有很多人激怒你。

　　高爾夫球是富人遊戲，可能代表你對富有的嚮往。

夢見摔跤代表什麼

　　不管夢見的是自己或別人在做這些運動都一樣，您將被捲入周圍發生的糾紛之中，受到有形無形的損害；或者染慢性疾病；戀愛中的人，將因小小的誤會，而造成兩人間的隔閡，以致分手。

夢見射擊代表什麼

　　射擊的夢，是遠行與來訪的意思。

　　夢見射擊比賽，表示現在你的工作或生活比較緊張繁忙。夢見自己射擊別人，表示近一時期你將要遠行。夢見別人射擊自己，表示會有遠道而來的人登門拜訪。夢中的射擊不會傷害別人，現實生活中可不能亂打亂射呀！

夢見滑冰代表什麼

滑冰的夢，代表的是喜事將至與快樂幸福。夢中出現滑冰的場面，表示在你的心中充滿著喜悅與快樂。夢中夢見普通的滑冰，說明將有喜事降臨到你的身邊。夢中夢見花式滑冰，預示你未來的生活豐富多彩，快快樂樂。

夢見跳水代表什麼

跳水的夢，是滿意或不滿意的象徵。夢中夢見跳水的場面，表示你的心中正朝著遠大的目標衝刺。如果夢見水清澈透底，預示著事情的結果會使你滿意。如果夢見水渾濁不清，意味著事物的結果不會令你滿意。其實，跳水只是一種體育項目，與事情的結果並無關係。

夢見潛水代表什麼

　　夢中的潛水，是旅行與消息的象徵。潛水的夢，表示你的心中充滿著強烈的好奇心理。

　　若是男性夢見潛水，說明你具有探險心理。這個夢預示看你會有一次神奇的旅行。

　　若是女性夢見潛水，說明你是一位浪漫之人。這個夢意味著你會得到意想不到的好消息。

　　潛水，是一種較為時尚的休閒運動，會給你一種全新的感受。

夢見龍舟比賽代表什麼

夢見在龍舟比賽中划船，可能遇盜難。尤其在餐廳或咖啡店，要特別小心保管所帶的財物。

夢見下棋代表什麼

夢見與人下棋，則近日工作將受阻礙。

棋子主添丁進口。意思是夢見棋子的人會添兒女或多家庭成員。

夢見手球代表什麼

夢中的手球，代表的是奮鬥後的成功或幸福的感情。

夢中出現手球，表示在你心裡對事業與情感持懷疑態度。

男性夢見手球，意味著你的事業會有一定的起伏，但最後會獲得成功。

女性夢見手球，預示著你的感情會有一定的波折，但最終會贏得幸福。

有時候也可能是因為你在睡眠之前接觸過手球相關的事物。

夢見打網球代表什麼

夢見別人打網球，生活會幸福、愉快。

夢見網球比賽，會得到人們的愛戴，名聲顯赫。

學生夢見網球比賽，預兆自己的品德高尚，會得到大家的認可。

夢見打網球，意味著要繼承家產。

夢見網球比賽，是祥瑞，身體健康，精神煥發。

男人夢見打網球，會增加額外開銷，財產流失嚴重。

已婚女子夢見打網球，自己和孩子的身體都會很健康。

未婚女人夢見打網球，會嫁給一個與自己性格不合的男人。

學生夢見打網球，考試會不及格。

商人夢見打網球，生意能賺大錢，利潤倍增。

網球運動員夢見打網球，會在比賽時失利。

夢見被網球擊傷，是吉兆，會有橫財偏財出現，生活現狀會有極大的改善。

　　夢見買網球，會有不幸的事情發生，家人會有不測。

　　夢見破舊的網球，朋友會背信棄義，在工作中同事會出賣、暗算自己。

i-smart

智學堂
智慧是學習的殿堂

★ 親愛的讀者您好，感謝您購買 <u>夢境，潛意識想告訴你的事</u> 這本書！

為了提供您更好的服務品質，請務必填寫回函資料後寄回，我們將贈送您一本好書（隨機選贈）及生日當月購書優惠，您的意見與建議是我們不斷進步的目標，智學堂文化再一次感謝您的支持！

想知道更多更即時的訊息，請搜尋"永續圖書粉絲團"

您也可以使用以下傳真電話或是掃描圖檔寄回本公司電子信箱，謝謝！

傳真電話：
（02）8647-3660

電子信箱：
yungjiuh@ms45.hinet.net

姓名：＿＿＿＿＿＿＿＿ ○先生 ○小姐 生日：＿＿＿＿＿＿ 電話：＿＿＿＿＿＿

地址：＿＿＿＿＿＿＿＿＿＿＿＿＿＿＿＿＿＿＿＿＿＿＿＿＿＿＿

E-mail：＿＿＿＿＿＿＿＿＿＿＿＿＿＿＿＿＿＿＿＿＿＿＿＿＿＿

購買地點（店名）：＿＿＿＿＿＿＿＿＿＿＿ 購買金額：＿＿＿＿＿＿

職　　業：○學生 ○大眾傳播 ○自由業 ○資訊業 ○金融業 ○服務業 ○教職
　　　　　○軍警 ○製造業 ○公職 ○其他＿＿＿＿＿＿＿＿＿＿＿

教育程度：○高中以下（含高中）　○大學、專科　○研究所以上

您對本書的意見：☆內容　　　　○符合期待 ○普通 ○尚改進 ○不符合期待
　　　　　　　　☆排版　　　　○符合期待 ○普通 ○尚改進 ○不符合期待
　　　　　　　　☆文字閱讀　　○符合期待 ○普通 ○尚改進 ○不符合期待
　　　　　　　　☆封面設計　　○符合期待 ○普通 ○尚改進 ○不符合期待
　　　　　　　　☆印刷品質　　○符合期待 ○普通 ○尚改進 ○不符合期待

您的寶貴建議：

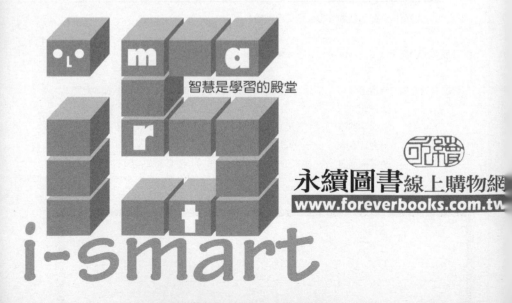